Helfried Weyer

50 Jahre unterwegs

Helfried Weyer in den siebziger Jahren in einem Zeltlager im Himalaya.

Ich habe nicht die Hälfte von dem erzählt,
was ich gesehen und erlebt habe,
weil keiner mir geglaubt hätte“.

schrieb einst Marco Polo in sein Tagebuch.
Ich kann mich diesem Zitat nur anschließen.

Impressum

Umwelthinweis:
Der Inhalt dieses Buches wurde auf Papier
mit chlorfrei gebleichtem Zellstoff gedruckt.
Das Einbandmaterial ist recyclebar.

Die Deutsche Bibliothek – CIP Einheitsaufnahme

Helfried Weyer – 50 Jahre unterwegs
Steinfurt; Tecklenborg Verlag, 2018
ISBN: 978-3-944327-61-7
1. Auflage 2018

Gesamtherstellung: Druckhaus Tecklenborg, Steinfurt

ISBN: 978-3-944327-61-7

Helfried Weyer

50 Jahre unterwegs

Das ungewöhnliche Leben
eines Fotografen mit abenteuerlichen
Geschichten und Bildern
aus allen sieben Kontinenten

Tecklenborg

Rollei
TROPICANA

Prolog
Reisen ist Sehnsucht nach dem Leben

Meinen 70. Geburtstag habe ich in einer Jurte gefeiert – bei den Nomaden der Mongolei – und jetzt laufe ich zusammen mit meiner Frau Renate durch das traumhaft schöne Gudbrandsdal nach Trondheim zum Grab des Heiligen Olav. Der Pilgerweg durch Norwegen – wir sind in Hamar gestartet – ist „nur" knappe 500 km lang und grundsätzlich anders als der viel bekanntere Jakobsweg in Spanien, den wir vor fünf Jahren gegangen sind. Hier sind weniger Pilger unterwegs und deshalb haben die Wirtsleute in den wunderschönen, teils aus dem Mittelalter stammenden Herbergen viel Zeit und auch großes Interesse an ihren Gästen aus aller Welt. Am Jakobsweg entstehen Bekanntschaften und Freundschaften zwischen den Pilgern, hier am Olavsweg zwischen den Gästen und ihren Gastgebern.

„Lass uns die Regenkleidung auspacken, bevor wir richtig nass werden."

„Okay", antwortet Renate, „aber hier im Hochwald ist es erträglich, dicht an den Stämmen fallen nur wenig Tropfen."

„Warum tun wir uns das eigentlich noch an? Schlafen in Pferdeställen und auf Feldbetten in Gemeindehäusern, waschen uns am eisigen Gebirgsbach, laufen im Regen – und ständig steil bergauf und dann noch steiler bergab. Und täglich müssen wir unzählige Zäune mit unseren wahrlich nicht leichten Rucksäcken überklettern! Andere Menschen in unserem Alter sitzen auf ihren Terrassen und schauen den Wolken nach."

„Genau das tun sie nicht! Sie schauen in die Glotze und warten, bis der Tag vorbei ist. Sie überleben, aber sie leben nicht! Zum Leben gehört auch mal ein Regenschauer, ein steiler Weg und auch ein Zaun als Hindernis."

„Okay, okay, ich bin ja deiner Meinung, aber wo ist der Unterschied zwischen Überleben und Leben – diese Frage erscheint mir spannend."

Wir haben uns inzwischen beide regendicht verpackt und Renate nimmt den Gesprächsfaden wieder auf:

„Gott hat uns – wie allen Menschen – das Leben geschenkt. Wir haben zunächst nichts dazu beigetragen. Und viele Menschen erreichen dank der modernen Medizin ein beachtlich hohes Alter. Aber wenn sie nie

Pilgern auf dem Olavsweg in Norwegen 2010. Von links: Renate Weyer, Bigi Alt, Helfried Weyer, Franz Alt und Pilgerpastor Bernd Lohse.

über ihren Tellerrand geschaut haben, 40 Jahre oder länger auf dem selben Bürostuhl gesessen und am Wochenende nur Chromstoßstangen und Gartenzwerge geputzt haben, dann haben sie versäumt zu leben. Wir dagegen haben es versucht und ich glaube, wir haben wirklich gelebt; im Schneesturm im Himalaya genauso wie in der Sonnenglut einer Wüste, am wärmenden Nomadenfeuer und auf dem eiskalten Hundeschlitten. Wir haben unterwegs gelacht und auch geweint, wir haben uns geliebt und auch gestritten und mit Menschen anderer Kulturen Spaß gehabt, ohne ihre Sprache zu verstehen. Sicher ist Reisen nicht der einzige Weg, um wirklich zu leben, aber es war und ist eine gute Alternative. Und die paar Regentropfen hier gehören auch dazu. Hat nicht schon der Schriftsteller Jean Paul vor 200 Jahren geschrieben, dass nur Reisen Leben und umgekehrt das Leben Reisen ist?"

„Du hast ja recht Renate, und ich glaube, vom Überleben zum Leben zu finden ist eines der schwierigsten Dinge auf Erden."

50 Jahre unterwegs sein hat mich nicht wirklich ermüdet. Über 40 Jahre ist Renate mit dabei und läuft wie selbstverständlich durch das norwegische Wetter den Olavsweg über schlammige Wege und rutschige Wiesen. In all den gemeinsamen Jahren gab es durchaus nicht nur Sonnenschein. Kalte Füße und aufgesprungene Wangen und Ohren, nasse und stürmische Zeltnächte sowie Durst und Müdigkeit sind bei solchen Reisen nicht zu vermeiden. Aber im Verhältnis zum wahren Erleben fallen solche Unbequemlichkeiten kaum ins Gewicht. Sie werden bedeutungslos. Und zu den allergrößten Erlebnissen unserer Reisen zählen die vielen Freundschaften mit Menschen fremder Kulturen und anderer Hautfarben.

Als gläubige Pilger haben wir uns einen kleinen Teil der Schöpfung (für die ganze Welt ist ein Menschenleben leider viel zu kurz) in allen Erdteilen angesehen und dabei nur erkannt, dass Gott diese Welt großartig und spannend geschaffen hat. Seine Schöpfung ist ein Meisterwerk. Aber zum Schöpfer unseres eigenen Lebens und unserer persönlichen Lebensqualität müssen wir selber werden. Wer nichts wagt, kann überleben, aber nichts gewinnen.

„Reisen ist die Sehnsucht nach dem Leben." Dieses kluge, von Kurt Tucholsky stammende Zitat möchte ich so umformulieren:

„Reisen ist ein Weg zu glücklichem und intensivem Leben."

Am Ende des Gudbrandsdals erreichen wir Dovre. Vor der schiefergedeckten Kirche steht ein Stein mit dem Hinweis: nur noch 250 km bis Nidaros. Und die führen über ein richtiges Gebirge. Der lange Marsch ist also noch nicht vorbei.
„Komm Helfried, gehen wir. – 250 km – das ist nicht weit!“

Dein Zuhause ist,
wo dein Feuer brennt.“

Nomadenweisheit

Allmannsrøysa ist eine Steinansammlung hoch oben auf dem Dovreflell. Dort kann der Pilger symbolisch eine Seelenlast ablegen.

Heiße Straßen (1960)

Mit Fahrrad und Kamel in den Orient

Die Saharaabenteuer von Mungo Park, Heinrich Barth und Gerhard Rohlfs, sowie die Geschichte des „kleinen Prinzen“ von Antoine de Saint-Exupéry hatten mich voll in ihren Bann gezogen und deshalb wollte ich unbedingt die Wüste kennenlernen.

Agfa-CT-18-Filme wurden damals in kleinen Metalldosen geliefert, die man sehr gut in einen abgeschnittenen Fahrradschlauch pressen konnte. Ich stopfte also fünf Filme hintereinander rein und verklebte das Schlauchstück an beiden Enden. Damit war eine absolut wasserdichte Verpackung geschaffen. Die dunkelbraunen Ledertaschen für meine beiden Kameras Leica und Retina ließ ich bei einem Schuster weiß färben. Das, so glaubte ich, würde die Auswirkung der extremen Sonnenstrahlen auf das Innere etwas dämpfen. So wurde meine Fotoausrüstung für die Wüste vorbereitet.

Am 5. April 1960 brach ich zusammen mit meinem Freund Dietmar Neumann in meiner Heimatstadt Buxtehude auf. Per Fahrrad und mit einer Barschaft von 300 DM pro Person. Unserer Buxtehuder Tageszeitung hatte ich versprochen, einmal wöchentlich einen Bericht zu schicken. Mit dem Honorar konnte ich dann meine bei den Eltern gemachten Schulden Stück für Stück begleichen.

Das war vor einem guten halben Jahrhundert. Damals konnte ich noch nicht ahnen, dass ich 50 Jahre lang fast ohne Heimweh und mit nur kurzen Unterbrechungen unterwegs sein würde.

Nach einer Woche erreichten wir Stuttgart kurz vor Mitternacht und fragten bei der Polizei nach einer Bleibe. Die Beamten schickten uns zur Bahnhofsmission.

Dort öffnete eine Nachtschwester und war überrascht: „Gerade habe ich in der Zeitung gelesen, dass da zwei Radfahrer nach Afrika wollen und schon klopfen die an meine Tür.“

Am nächsten Morgen schrieb die gute Frau in mein Tagebuch: „Sie bedanken sich für freundliche Aufnahme, ich aber für nette Gesellschaft und freudige Hilfe beim Wachen.“

Nach einem guten Frühstück als Dankeschön für die Wachhilfe radeln wir weiter Richtung Schweiz. Es ist Mitte April und die Passstraßen ver-

Helfried Weyer reitet auf einem Kamel durch die Wüste Sinai bis zum heiligen Berg Horab.

sinken noch im Winterschnee. Unsere schwer bepackten Räder schieben wir seit Stunden bergauf und sehen gar nichts außer Nebel. Da hören wir plötzlich Rufe aus dem blendenden Weiß, menschliche Stimmen. Sie kommen von Wintersportlern, die auf ihren Skiern direkt auf uns zu jagen.

„Servus! Schaut euch das an: Die kommen mit Tropenhelmen und Fahrrädern zum Wintersport. Oder wollt ihr weiter nach Italien? Da braucht ihr jetzt Regenschirme und keine Tropenhelme!“

„Nein, nicht nach Italien. Wir wollen in die Sahara. Ist der Weg hier durch den Schnee etwa nicht richtig?“

„Sei nicht gleich beleidigt! Sag schon, wo kommt ihr mit eurer seltsamen Ausrüstung her und wo wollt ihr hin?“

„Wir kommen direkt aus Buxtehude und wollen nach Afrika. Das habe ich doch schon gesagt.“

„Arroganter Kerl, will uns mit Buxtehude auf den Arm nehmen. Komm Sepp, lass die in Ruhe. Wir fahren weiter Ski und haben unseren Spaß dabei.“

Da sind wir wieder alleine und schieben bergauf.

„Ich fand die Frau in der Bahnhofsmission viel netter als diese Schweizer“, meldet sich Dietmar.

„Hätte ich denen gesagt, dass ich in Buxtehude in der Straße Beim Wilden Schwein wohne, wären sie sicher handgreiflich geworden.“

Einen Monat nach unserem Aufbruch besteigen wir in Palermo das Schiff „Campania Felix“. Es bringt uns nach Afrika. Wir fahren – budgetbedingt – in der dritten Klasse und freuen uns unbändig über das reichliche Essen an Bord.

Unser erster Eindruck von Afrika ist geprägt von der herzlichen Gastfreundschaft der dortigen Araber. Die sind total begeistert, dass zwei junge Burschen auf Fahrrädern zu ihnen gekommen sind und weiter in die Wüste wollen. Fahrradfahren macht hungrig und – Gott sei Dank – reißen die Einladungen gar nicht ab.

„Kommt in mein Restaurant! Ihr müsst essen: Brot, Salat, Nudeln und auch Fleisch!“

So geht das fast an jedem Tag.

Unsere Fahrräder haben uns zwar bis Afrika gebracht, aber nicht weiter. Seit Neapel hatte ich Probleme in der Nabenschaltung. Hier am

Rand der Wüste bricht sie ganz zusammen und lässt sich anscheinend auch nicht mehr reparieren. Afrika ist halt nicht Europa.

Pfadfinder aus Tunis haben uns eingeladen, in ihrem Heim zu wohnen. Dort können wir auch unsere Räder bis zur Rückkehr sicher unterstellen. Wir werden unsere Reise per Anhalter fortsetzen. Bis nach Kairo sind es 4.000 km, das muss doch möglich sein.

Trampen in der Wüste ist anders als auf unseren Straßen und Autobahnen. Britische Soldaten nehmen uns nach Tripolis mit. Dort treffen wir auf einen riesigen Sattelschlepper mit fünf Achsen. Er hat 400 Meter Bohrrohre geladen, gut 30 Tonnen! Vier Männer, zwei Italiener und zwei Araber, wechseln einen gewaltigen Reifen. Zu dem Schlepper gehört noch ein zweites Fahrzeug mit Wasser, Proviant und Ersatzteilen. Es sieht so aus, als ob die Männer richtig tief in die Wüste fahren wollen. Genauso ist es auch. Ziel dieses Trucks ist ein Ölcamp B 259 in der Nähe der Kufra-Oasen – und wir sind nach kurzer Unterhaltung mit den Fahrern mit dabei.

Im extrem heißen Führerhaus lechzen wir nach frischer Luft. Um 12 Uhr steht die Sonne im Zenith, wir machen Pause. Schatten gibt es nur unter den Autos, aber er bringt keine Kühlung. Die Luft ist staubig, die Wüste blendet. Der Schweiß verdunstet auf der Haut. In diesen harten Mittagsstunden sind wir alle schweigsam. Aber ich fühle mich glücklich – mitten in der größten Wüste auf Erden.

Fünf Tage lang brummt unser Sattelschlepper durch den Sand, dann entdecken wir am Horizont zitternd und undeutlich einen Bohrturm. Das ist unser Ziel.

B 259 ist ein amerikanisches Camp, natürlich mit Klimaanlage, Duschen und bester Küche. Dazu kommen gastfreundliche Ölsucher, die zwei mutige Tramps mal so richtig verwöhnen wollen.

Fremde sind hier noch nie gewesen. Deshalb müssen wir unsere Geschichte immer wieder erzählen.

Unser Truck fährt nach einem Ruhetag zurück, wir aber bleiben und folgen gerne der Einladung des Lagerleiters. Der wird in wenigen Tagen mit dem campeigenen Flugzeug nach Tripolis fliegen und bietet an, uns mitzunehmen.

„Aber da waren wir schon, eigentlich möchten wir weiter nach Osten bis nach Kairo.“

„Well, ich werde euch in Tripolis der deutschen Firma PRAKLA aus Hannover (Praktische Gesellschaft für Lagerstättenforschung) übergeben. Der Manager ist ein Freund von mir, und die arbeiten dicht an der ägyptischen Grenze."

So also sah Trampen in der Wüste vor 50 Jahren aus. Man stellte sich nicht an die Straße und hob den Daumen, man wurde einfach weitergereicht. Und das hat sich auch in Ägypten fortgesetzt.

In der kleinen Ortschaft Marsa Matruk allerdings sind wir gezwungen, eine böse Nacht auf der Polizeistation zu verbringen; im Schlafsack auf schmutzigem Boden, ohne Wasser und ohne Frühstück. Dafür aber mit vielen Moskitos und qualvoller Hitze.

Früh am nächsten Morgen stehen wir an der Straße und erleben, wie die Sonne rasch aus dem Dunst steigt und die Basarstraßen um uns erwachen. Ich kann es kaum glauben, aber da kommen Radfahrer mit großer Geschwindigkeit, haben beide Hände am Lenkrad und balancieren auf ihren Köpfen Quadratmeter große Bretter mit Bergen von Fladenbroten drauf. Eine Stunde lang kommt überhaupt kein Auto vorbei. Aber dann hält ein Araber mit seinem Motorroller neben uns. Wir haben überhaupt nicht gewunken und können zu zweit auch gar nicht auf diesen Roller steigen, schon gar nicht mit unseren prall gefüllten Gepäcktaschen. Der überaus freundliche Mann mit Turban und weißem Umhang fragt zuerst nach unserer Nationalität und will dann unser Ziel wissen.

„Okay, ihr werdet heute noch nach Kairo fahren. Aber erst gibt es ein gutes Frühstück. In meinem Hotel direkt am Strand. Ich kann aber nur jeweils einen von euch mitnehmen und werde dann wiederkommen."

Im Hotel erfahren wir die Auflösung dieses neuen Märchens aus Tausendundeiner Nacht. Vier deutsche Gäste sind dort abgestiegen und werden heute zurück nach Kairo fahren. Und der Hotelbesitzer hat entschieden, dass die uns mitnehmen werden!?

Bald sitzen wir frisch geduscht auf der Terrasse und frühstücken – Spiegeleier, Toast mit Marmelade und dazu Unmengen Tee. Nach diesem Festessen lacht der Ober und sagt ohne lange zu fragen: „Ich werde das alles noch einmal bringen!" Wir protestieren nicht.

Im Hotel sind die deutschen Familien Ziock und Basner die einzigen Gäste. Hermann Ziock ist Pressereferent der deutschen Botschaft in Kairo und ein äußerst interessanter Mann. Er hat nicht nur einen Reiseführer über Ägypten geschrieben, sondern auch mehrere bemerkenswerte Bücher zum Thema Afrika. In seinem Dienst-Mercedes ist genug Platz und der Diplomat aus Bonn will uns gerne nach Kairo mitnehmen. Herr Basner aus Frankfurt, der uns gleich in sein Haus an den Pyramiden einlädt, ist für alle deutschen Sendungen im Kairoer Rundfunk sowie im ägyptischen Fernsehen verantwortlich. Deshalb stehen wir schon wenige Minuten nach der Begrüßung vor seinem Mikrofon und erzählen unsere Geschichte. Die Sendung an diesem Morgen wird vom Chef persönlich so anmoderiert:

„Zwei Tropenhelme liegen vor mir über zwei ölverschmierten Rucksäcken. Dann sind da noch ein Säckchen mit Reis, allerlei Lederzeug und ein Kochgeschirr. Hinter dem Gepäck, dem man zweifellos eine lange, abenteuerliche Reise ansieht, leuchtet das Meer in einem Superblau, wie ich es nie schöner sah. Der Himmel scheint fast etwas lila, so wie Blaubeersaft, über dem leuchtenden blaugrünen Wasser. Die Burschen aber, die zu dem Gepäck gehören, sitzen neben mir im kühlen Schatten der Terrasse; ihren Bärten und ihrer Hautfarbe sieht man langes, erlebnisreiches Fahrtenleben an ..."

Wow, das ist ein Profi! Jetzt müssen wir erzählen – und Geschichten gibt es ja genug! Damit war unser Aufenthalt in Kairo gesichert. Dort besuchen wir auch das Hilton Hotel, das erste und heute älteste in Afrika, um von der berühmten Dachterrasse die nächtliche Stadt und den Nil mitten drin zu fotografieren. Was für eine Märchenwelt! Eine Übernachtung kostet hier so viel wie unsere ganze Reise. Im Waschraum springt ein Boy lachend auf uns zu und reicht Seife und Handtuch. Ein anderer putzt uns die Sandalen und vor dem Nobelbau parken blitzende Mercedes-Karossen ohne jeden Wüstenstaub. Das ist eine uns völlig fremde Welt und ich habe nicht einmal im Traum daran gedacht, dass ich Jahre später als Gast der ägyptischen Regierung in dieser Luxusherberge wohnen würde.

Unser Afrikaabenteuer klingt mit einem großen Finale aus: mit einem dreiwöchigen Kamelritt durch die Wüste Sinai bis zum Katharinen-Kloster. Die PRAKLA am Roten Meer hat das organisiert – auf Empfehlung der Kollegen in Libyen.

Unvergessen ist bei mir unser Besuch in der kleinen Oase Feiran. Sie wird als „Perle des Sinai" gepriesen und ist wirklich ein Fleckchen Erde von großer Schönheit. Die sattgrünen Palmenhaine spenden den dort lebenden Nomaden und ihren Ziegenherden seit Tausenden von Jahren Schatten und Nahrung.

Unser Beduinenführer bringt uns und die beiden Kamele zum einzigen Europäer in dieser Welt, die mehr an die Zeit des Alten Testamentes als an das 20. Jahrhundert erinnert. Der griechische Mönch und Einsiedler Perikles hat sich hier ein schlichtes Häuschen gebaut, in dem er seit elf Jahren abgeschieden von der lauten Welt zusammen mit einem Hund und vielen Hühnern, Gänsen und Enten lebt. Sein Garten erscheint mir wie ein Wunder mitten in der Wüste; da wachsen saftige Melonen, süße Orangen, herzhafte Datteln und andere Köstlichkeiten. Der treue Hund humpelt etwas und Perikles erzählt seine Geschichte: „Als die Beduinen mir noch feindlich gesonnen waren, schaffte ich mir diesen Hund an. Ihn fürchteten sie, und eines Tages wollten die Beduinen Lorry erschlagen. Aber sie trafen – Gott sei Dank – nicht seinen Hals, sondern hieben ihm den rechten Vorderlauf ab. Ein Hund mit drei Beinen kann nicht weiterleben; also bastelte ich aus einem alten Wasserrohr diese Prothese. Lorry hat sich so daran gewöhnt, dass er sie jetzt sogar zur Nacht anbehält. Und laufen kann er fast so schnell wie früher."

Unter üppigen Weinreben sitzen wir im Schatten vor dem Haus und hören viele kleine Episoden aus dem Leben des Einsiedlers. Ein großer Tonkrug neben dem steinernen Tisch ist mit Brunnenwasser gefüllt; es kühlt durch sein Verdunsten die uns umgebende Luft etwas ab. Das fortwährend von den Außenwänden des Kruges heruntertropfende Wasser ist viel zu kostbar, als dass man es im Sand versickern ließe; es wird in einem Gummiring aufgefangen, der dem Hund, den Hühnern, Enten und Gänsen als Tränke dient. Dieses Auffanggefäß kann nicht überlaufen, weil von ihm aus ein Abflussrohr zu den Melonen führt. Das nenne ich Achtsamkeit mit der kostbaren Ressource Wasser. Hinter dem Haus wohnen die Freunde des Griechen: ein Esel und mehrere Ziegen. Perikles beschäftigt drei Araber und alle vier Männer leben in diesem Garten völlig autark. Mit den Worten „mein Garten gehört mir und meinen Gästen" zeigt er uns dieses kleine Paradies.

Nun müssten wir schlafen, meint der alte Mann und spannt zwei Hängematten unter die Weinreben. Wir brauchen nur den Arm auszustrecken, um die herrlichen Trauben zu brechen. So ähnlich habe ich mir immer das Schlaraffenland vorgestellt. Auf einer Bambusflöte spielt uns Perikles in den Schlaf. Wie schnell ist da der hinter uns liegende Höllenritt vergessen, die glühend heißen Täler, der permanente Durst, die kalten Nächte in der Wüste! Tausend Sterne funkeln über den Palmen, der Esel schreit nur einmal in der Nacht und am Morgen weckt uns ein krähender Hahn. Das ist wieder „Tausendundeine Nacht" pur!

Am nächsten Vormittag kommt ein kleines Beduinenmädchen durch das Tor. Etwas erschrocken blickt es mich an, als ich die Gartenpforte öffne; dann sieht es den Pater und eilt zu ihm. Er lässt die Kleine eine Schürze voll Zitronen pflücken; und lächelnd geht das Mädchen wieder fort.

Wir waren inzwischen ein halbes Jahr unterwegs und unser Budget neigte sich bedrohlich dem Ende zu. Am liebsten wären wir mit einem Schiff zurück nach Europa gefahren, aber dazu brauchten wir neues Geld. Das verdienten wir beim Putzen von Diplomatenpferden im vornehmen Mena-Reitstall unter den Pyramiden und am Suezkanal. Dort erinnerte ich mich an Sylt und die Strandfotografen, die pausenlos Badegäste fotografierten und anschließend die Bilder als Vergrößerungen anboten. Sie hatten mich bei meinem ersten Besuch so tief beeindruckt, dass ich gerne in ihre Fußstapfen gestiegen wäre. Ich fotografierte jetzt fleißig alle Schiffsmannschaften bei ihrer Einfahrt in den Kanal – da gingen die Matrosen immer von Bord und stellten sich geradezu begeistert zu einem Gruppenbild vor ihr Schiff. Einen Tag später war ich dann mit fertig vergrößerten Weltpostkarten bei der Kanalausfahrt zur Stelle. Eine Postkarte brachte mir einen Dollar und auf manchen waren 20 und mehr Seeleute abgebildet, die alle kauften.

Aus meinen Tagebuchaufzeichnungen entstand das erste Weyer-Buch „Heiße Straßen" und aus den Bildern meine ersten Diavorträge. Beides war erfolgreich, weil ich eine ungewöhnliche Geschichte erzählen konnte. In Tunesien, Libyen und Ägypten sah man damals kaum Touristen und für das Rumgereichtwerden durch Ölgesellschaften und Diplomaten gab es keine Muster. Weil wir in diesen Ländern Exoten waren, hat man uns überall mit ehrlicher und überwältigender Gastfreundschaft empfangen. Ich konnte meinen gespannt lauschenden Vortragsbesuchern berichten, dass wir draußen in der Welt viele Freunde haben und auch, dass es mitten in der trostlosen Wüste noch richtige Paradiese gibt. Hier in

Deutschland begann derweil das Wirtschaftswunder und mit ihm auch die Sehnsucht nach solchen Orten wie Feiran.

Das waren ganz einfach goldene Zeiten des Reisens, auch wenn wir keine neuen Inseln, Völker und Kulturen entdeckt haben.

> Ein Gast bin ich im
> fremden Land geworden.“
>
> *Mose, Exodus, 2, 22*

Junge Buxtehuder auf Radtour nach Afrika

Die deutsche Grenze am Bodensee erreicht — Über die Alpen nach Italien (1)

„Die ersten 1000 Kilometer liegen hinter uns — ohne Panne. Vor uns aber liegt die Grenze. Zur Zeit gibt es noch keinen schneefreien Paß in der Schweiz. Wir wissen noch nicht, wie und wann wir die Alpen überqueren können." So beginnt der erste Fahrtenbericht des 20jährigen Helfried Weyer aus Buxtehude, der am 5. April zusammen mit dem 19 Jahre alten Dietmar Neumann aus Neu-Wulmstorf zu einer Fahrradtour durch die nordafrikanische Wüste und den vorderen Orient startete. Dem in Überlingen am Bodensee abgefaßten ersten Reisebericht ist folgendes entnommen:

Buxtehude. Seit dem 5. April sind zwei unternehmungslu Männer unterwegs nach dem Süden: Helfried Weyer aus Buxt Dietmar Neumann aus Neu-Wulmstorf. Beide haben sich vorgeno dem Fahrrad durch Italien und Nordafrika nach Kleinasien zu waren Gäste des Prinzen von Liechtenstein, passierten zwei Alpen Jetzt radeln sie auf die Ewige Stadt zu. Aus Genua schickte Weyer seinen zweiten Bericht:

Radtour aus „technischen Gründen“ in Tunis beendet

Als „Anhalter" durch die Wüste nach Ka

Helfried Weyer und Dietmar Neumann geben nicht auf — An deutschen Soldaten

Buxtehude. Der Buxtehuder Helfried Weyer und der Neu-Wulmstorfer Dietmar Neumann, die mit dem Fahrrad die Bundesrepublik, die Schweiz und Italien durchquerten, mußten in Nordafrika von ihren Fahrzeugen Abschied nehmen, da auf dem weiteren Wege keine Reparaturmöglichkeit besteht. Die beiden Jugendlichen versuchen als „Anhalter" das nächste Ziel Kairo zu erreichen. Über ihre Erlebnisse nach der Ankunft in Tunis berichtet Helfried Weyer:

Buxtehude. Am 5. April fuhren die beiden jungen Helfried Weyer aus Buxtehude und Dietmar Neumann aus Ne auf ihren Fahrrädern von der „Lüneburger Schanze" ab. Die St hude—Palermo betrug 3500 Kilometer. Inzwischen sind sie i gelandet. Aus Tunis erreicht uns der vierte Bericht von Helfri dem er über die beschwerliche Radfahrt durch Süditalien und d von Palermo nach Nordafrika schreibt:

Von Buxtehude nach Palermo: 3500 Kilometer

Helfried Weyer und Dietmar Neumann verließen Europa auf ihrer Radtour nach Afrika (4)

Helfried Weyer und Dietmar Neumann in Nordafrika (7)

Schwieriger Weg durch den Wüstensand

Fotografieren nicht einfach — Langes Warten auf ein Fahrzeug

Buxtehude. Als „Anhalter" versuchen Helfried Weyer und Neumann von Tunesien aus Libyen zu erreichen. Der Weg Wüste ist voller Schwierigkeiten. Nachstehend ein weiterer Berich den Afrika-„Wanderer", die im Frühjahr in Buxtehude aufbrachen Fahrräder in Tunis zurücklassen mußten:

Buxtehude. Auf ihrer Fahrt durch Tunis in Richtung Ägypten waren die beiden unternehmungslustigen Jungen aus Buxtehude und Neu-Wulmstorf, Helfried Weyer und Dietmar Neumann, Gäste des Generalgouverneurs von Tunesien. In einer Oase warteten sie auf ein Fahrzeug, als sie diese überraschende Begegnung hatten. Helfried Weyer berichtet über die Fahrt:

Helfried Weyer und Dietmar Neumann in Nordafrika (

Gäste des Generalgouverneurs von T

Unterhaltung im Bu

Mit regelmäßigen Artikeln in unserer lokalen Tageszeitung habe ich mir die Kosten dieser Reise verdient.

Ein Auto – drei Kontinente (1964)

Mit dem VW Käfer durch Europa, Afrika und Asien

Der Himalaya liegt im Osten, aber ich fuhr 1964 zunächst nach Südwesten, nach Gibraltar. Meine Vortragshonorare und die Abfindung nach zwei Dienstjahren bei der Bundeswehr hatten gerade so für einen VW Käfer gereicht, und in meiner Heimatstadt Buxtehude fand ich wohlwollende Sponsoren. Die heimische Nudelfabrik Birkel lieferte kostenlos Eierteigwaren satt für ein ganzes Jahr.

Hartmut, ein Freund aus der Jugendbewegung, begleitete mich auf meiner ersten großen Autoreise. Wir wollten zunächst Nordafrika durchqueren, uns dann vom Suezkanal nach Indien durchschlagen, weiter bis Nepal fahren und schließlich auf dem Landweg über Afghanistan zurück nach Europa reisen.

Damals waren derartige Weltreisen noch sehr außergewöhnlich und stießen auch in den Medien auf großes Interesse. Das Hamburger Abendblatt widmete unserer Verabschiedung durch den Buxtehuder Bürgermeister eine halbe Seite. In dem Bericht war unter anderem zu lesen:

„Wenn zwei Twens zwölf Monate lang mit Auto und Zelt um den halben Globus fahren wollen, ist Skepsis angebracht. Aber dem 24-jährigen Lehrersohn Helfried Weyer ist einiges zuzutrauen. Aus seinen bisherigen Fahrten wurde längst der Beruf eines Abenteurers, der die Welt mit Kamera und Schreibmaschine zu erobern begann. Seine ersten Reisen trugen schon Früchte: Viele tausend Zuhörer sahen seine faszinierenden Farbdias und hörten seine spannenden Berichte aus Island, Nordafrika, vom Ätna und dem Berg Sinai ..."

Deutschland, Frankreich, Spanien – das wurde eine Spazierfahrt, kaum der Rede wert. Marokko enttäuschte uns, weil wir auf afrikanische Wärme vorbereitet waren und dann im Atlas eisige Kälte antrafen. Ähnlich blieb das auch noch in Algerien. Deshalb beschlossen wir, schnurstracks nach Süden zu fahren, mitten hinein in die Sahara. Da musste es doch endlich warm werden. Aber es blieb kalt.

Eines Abends huschte unser Scheinwerfer mitten in der Steinwüste über ein Schild mit der Aufschrift „CD" und etwa 1.000 Schritte weiter leuchtete die einsame Lampe eines Camps.

Die Buxtehuder Weltenbummler haben mit ihrem VW Käfer das Kathmandu-Tal in Nepal erreicht.

„CD – das hört sich nach einem deutschen Konsulat an. Wir sollten mal vorbeischauen."

„Gerne, vielleicht gibt es da etwas anderes zu essen als Nudeln", antwortete Hartmut voller Vorfreude auf eine Abwechselung in unserem von Birkelnudeln dominierten Speiseplan.

Das Außenthermometer zeigte nur 8 Grad!

Wir nähern uns der Laterne und schauen plötzlich in viele Reflektoren von blendenden Taschenlampen. Neben ihnen glänzen die Läufe von Maschinenpistolen. Dann schreit eine Stimme aus dem Dunkel der Wüstennacht:

„Mensch, ich glaub', ich spinne! Kommt mal her, das ist ein Volkswagen mit deutscher Nummer! Stade! Von dort kommt doch Karl, vielleicht will ihn sein Vater abholen!"

Die Maschinenpistolen verschwinden vor unseren Gesichtern, die Taschenlampen bleiben aber auf unser verstaubtes Auto gerichtet.

Ich hatte geglaubt, die französische Fremdenlegion sei längst aufgelöst. Aber 1964 waren noch etwa 9.000 Legionäre in der algerischen Sahara stationiert, hauptsächlich in der Nähe von Ölcamps.

Der UvD (Unteroffizier vom Dienst) wies uns ein Zimmer zu; zwei Betten, ein Ofen und ein Eimer Wasser.

„Schlaft euch aus, ich lasse Feuer bringen. Kommt solange in die Messe, da gibt es was zu essen."

Auf dem Weg zur Küche begegnet uns ein Gefreiter. Der UvD spricht mit ihm französisch, obwohl der Mann Deutscher ist. Aber Dienst ist eben Dienst.

„Jawohl, Herr Unteroffizier. Holz holen, Feuer anzünden, Wolldecken bringen und Meldung machen."

Wir holen noch ein paar Sachen aus dem Auto, da saust der Gefreite an uns vorbei. Im Arm hält er einen Stoß Holz für den Ofen, auf der Schulter trägt er die Wolldecken.

„Donnerwetter!", entfährt es mir und der UvD errät den Grund für meine Verblüffung. „Hier geht alles im Laufschritt, der gesamte Dienst. Dabei sparen wir Zeit und behalten Kondition."

„Das macht mich neugierig, etwas verstehe ich auch vom Militärdienst. Daheim habe ich drei Rekrutenjahrgänge ausgebildet, aber nicht im Laufschritt."

„Oh, là, là, muss ich Herr Leutnant sagen?“ Der Unteroffizier schlägt mir lachend auf die Schulter und schiebt uns beide in das Messezelt.

„Ihr seid hier in einer CD gelandet, das ist eine Compagnie Dicipline de Légion, also eine Strafkompanie. Aber das Essen ist gut, französische Küche vom Feinsten, kommt und probiert es.“

Ich hatte viel von der Legion gehört und über sie gelesen. Jetzt waren wir plötzlich und völlig unvorbereitet mittendrin. Feldwebel Hagen aus Hamburg stößt mit uns auf Deutschland an. Lange sieht der Mann in die zuckende Flamme des Kamins und ich erkenne, dass es ihm schwer fällt, sich zu beherrschen. Langsam wendet er das sonnengebräunte Gesicht zu uns:

„Ich meine es ernst, wenn ich auf unsere Heimat trinke. Ich liebe Deutschland – und mein Hamburg. Dort hatte ich eine Frau, eine richtige Familie. Aber das ist lange vorbei! Zwölf Jahre Wüste – mein Gott, wie mag es jetzt rund um den Michel aussehen!?“

Nach diesem Zusammentreffen mit strafversetzten Legionären und hilfsbereiten Unteroffizieren hatte unsere Wüstenfahrt eine ganz neue Spur bekommen: Wir wurden von nun an einfach weitergereicht, von einem Militärcamp zum nächsten. Tief in der Sahara, in Benni Abbes, hocken wir erneut in einem Zelt deutscher Legionäre, die uns vor ihren französischen Vorgesetzten verstecken.

„Du bist nicht älter als ich“, beginnt ein Soldat das Gespräch bei einer Büchse Tuborg-Bier. „Was suchst du hier in der verdammten Wüste, in diesem blutigen Algerien? Hast du eine Ahnung, was Krieg ist?“

„Ja und nein“, antworte ich. „Ich kenne Krieg nicht wirklich, obwohl ich als Kind auf dem Treckwagen durch Ostpreußen fuhr, den Krieg im Nacken. Wir mussten Leichen beiseite schaffen, um durchzukommen, vor uns zerfetzten Granaten Brücken und Übergänge, und den Treck führten Frauen und Greise, weil die Männer kämpfen mussten. Dann hab' ich vom Krieg nur noch auf der Schulbank gehört, und nun bin ich Reserveoffizier.“

Der Legionär lächelt. „Ihr wollt etwas verteidigen, gut. Verhindert einen Krieg, dann habt ihr viel getan, dann hat sich eure Ausbildung gelohnt. Verhindert das, was wir hier erlebt haben! Weißt du, nicht die gewaltigen Bilder, die großen Ereignisse des Krieges sind das Schreckliche für den Einzelnen – nicht die lärmende Front, nicht das Dröhnen der

Artillerie, nicht ein Dorf in Flammen oder der Verlust einer ganzen Kompanie! Es ist das zerfetzte Gesicht des besten Freundes, es ist der verstümmelte Körper des jungen Leutnants, der dich jahrelang geführt und geschützt hat, es ist das zu Tode geschändete junge Mädchen im Sand und es ist der geschwollene Kopf des toten Unteroffiziers, den die Rebellen bis zum Hals in die Wüste gruben. Es sind die Toten, die dir nahegestanden haben, und die Toten, an denen du plötzlich alle Grausamkeiten und alles Unrecht erkennst! Und dann lernst du plötzlich zu hassen, dann wirst du selbst zum Tier! Und das ist wohl am allerschlimmsten in einem Krieg!“

Zwei Tage lang fahren wir von Benni Abbes bis Reggane. Die Franzosen errichteten bei Reggane einen Militärstützpunkt für Atomversuche und eine Versuchsbasis für ferngelenkte Geschosse. Am 13. Februar 1960, also vier Jahre vor unserem Erscheinen, explodierte hier die erste französische Atombombe. Danach wurde Reggane für alle Fremden gesperrt. Spät am Abend des zweiten Tages erreichen wir die französische Atomversuchsstation. Von einem Hochplateau geht es steil hinunter in eine Schlucht. Da leuchten die Lichter der Oase. Kasernen, moderne Betonrollbahnen und die eigentliche Atomstadt neben alten Lehmhütten und Dattelpalmen – das ist Reggane im Jahr 1964.

Es ist uns nicht geheuer, hier zwischen den Lehmhütten unser Zelt aufzuschlagen. Also fragen wir wieder bei der Legion höflich um ein Nachtlager. Der französische Offizier weist uns ohne Diskussion ab, warnt uns aber im gleichen Atemzug vor einer Zeltnacht draußen bei den Algeriern. Wasser sollen wir im Dorf besorgen, er kann uns angeblich keines geben.

Enttäuscht über diese „deutsch-französische Freundschaft“ wende ich den Wagen und fahre missgestimmt Richtung Lehmdorf. Da springt mir ein Schatten in die Scheinwerfer. Ich erkenne eine dunkle, winkende Gestalt direkt neben unserem Auto. Der Fremde spricht mich auf deutsch an:

„Ihr schlaft bei uns! Schaltet die Scheinwerfer aus und folgt mir! Die Franzosen müssen euch nicht sehen!“

Im Schritttempo fahre ich hinter dem Legionär her, mitten hinein in ein tiefes Sandloch. Hier ist der Wagen kaum sichtbar und für die Nacht gut versteckt. Dann stolpern wir über Steine und Geröll zum Kasernenzaun. Ein Posten geht seine Runde. Kaum ist er hinter einem großen Mannschaftszelt verschwunden, da leuchtet für den Bruchteil einer Sekunde eine Taschenlampe auf. Ein zweiter Legionär zeigt uns mit diesem Signal den Einstieg in einen Drahtverhau. Schnell ist das Hindernis überwunden. Wir folgen den beiden Männern vorsichtig um einige Ecken, dann lotst uns die geheimnisvolle Gruppe zu einem Zelt. Hier gibt es sogar eine richtige Dusche und anschließend einen reich gedeckten Tisch.

„Bitte vier recht saftige Steaks extra, wir haben hungrigen Besuch", ruft unser neuer Gastgeber, ein Feldwebel, in die Küche.

Ich ahne, welches Wagnis es für die Legionäre bedeutet, uns auf verbotenen Wegen in ihre Unterkunft zu schmuggeln. Aber hier halten Landsleute zu Landsleuten, und das ist etwas Wunderbares. In dem geräumigen Zelt sind nicht nur Deutsche. Ein Spanier beobachtet uns interessiert und stellt sich als der Fahrer dieser Kompanie vor. Ich erzähle dem alten Wüstenfuchs von unserer Absicht, noch weiter nach Süden zu fahren.

„Hier in Reggane beginnt die große Schwierigkeit einer Saharadurchquerung", sagt er. „Bis Gao sind es noch über 1.000 Kilometer, und dazwischen ist nichts mehr, absolut nichts! Aber ich kann euch etwas weiterhelfen, kommt mit."

Wieder schleichen wir durch den Schatten der Zelte und sind bald beim Fahrzeug des Spaniers. Der drückt mir und auch Hartmut je einen vollen Kanister mit zwanzig Litern Benzin in die Hände. Mit der nicht ganz leichten Last geht es ungesehen zurück zum Stacheldrahtzaun. Wie ein Wiesel windet sich der Spanier geschickt durch das Hindernis – er passiert diese Stelle offensichtlich nicht zum ersten Mal – und zerrt einen weiteren schweren Kanister hinter sich her. Ungesehen erreichen wir unseren VW in dem Sandloch.

Wieder im Legionärszelt, erkennen wir Freude in den Gesichtern der Männer, Freude über den gelungenen Streich. Diese Soldaten stehen in keinem guten Verhältnis zu ihren französischen Vorgesetzten, die in vielen Einheiten der Legion verhasst sind. Den Grund dafür habe ich mehrfach hören müssen. Das großzügige Benzingeschenk und auch die Einladung zur Nacht sind nicht nur Beweise der Kameradschaft zu Wüstenfahrern aus der Heimat, es sind auch kleine Sticheleien gegen die Vorgesetzten. Junge Offiziere kommen aus Frankreich von der Kriegsschule und wollen die alten Kämpfer in der Wüste ausbilden. Diese erfahrenen Legionäre hier haben den erbitterten Krieg mitgemacht, die jungen Offiziere nicht. Sie kommen mit ihren Lehrbuchweisheiten – jetzt, wo die Waffen zwischen Frankreich und Algerien schweigen. Das mögen die erfahrenen Soldaten gar nicht.

In der ersten Dämmerstunde des anbrechenden Tages schieben fünf kräftige Legionäre unseren schwer beladenen Wagen aus dem Sandloch zurück auf die Piste.

Gegen Mittag wird die Sonnenglut mörderisch. Kein Wind, kein Laut, nichts – nur Sand, Sand, Sand! Aber der endlose Sand ist nicht glatt, sondern vom Wind gewellt und geformt, und er ist voller Farbe: braun und gelb und gleißend, sodass man die Farbe nicht mehr erkennen kann, und gegen Abend wieder dunkelrot oder orange wie der aufgehende Mond. Und danach wird dieser Sand blau, zuerst in den schattigen Mulden, dann über der gesamten Wüste!

Vor vier Jahren war ich mit dem Fahrrad in der Wüste, per Anhalter und später auch mit dem Kamel. Jetzt fahre ich im eigenen Auto durch diese Wunderwelt aus Weite und Stille. Diese frühen Reisen haben bei mir eine große Liebe zur Sahara entstehen lassen, die in den Folgejahren nie verblasste. Ich kann heute, nach 50 Jahren, nicht mehr sagen, wie oft ich in der Wüste unterwegs war. Ich weiß nur, dass meine Frau diese Liebe zur Wüste – Gott sei Dank – immer mit mir geteilt hat.

Szenenwechsel. Am Suezkanal treffen wir den deutschen Frachter „Hohenfels“ mit einem freundlichen Kapitän, der uns mitsamt VW nach Bombay bringt – umsonst. Nach der komfortablen Überfahrt gewöhnen wir uns schnell wieder an das unruhige und doch so schöne freie Wanderleben, an heiße Zeltnächte und völlig unregelmäßiges Essen. Über 1.600 Kilometer führt unser tropischer Weg bis in den Osten Indiens, in den Dschungel von Orissa.

Auf der schmalen Straße, die sich nach Jeypore hinunter windet, versperren uns plötzlich Menschen den Weg, Frauen mit brauner Hautfarbe. Hand in Hand bilden sie eine dichte Kette und zwingen uns zum Halten. Sie tragen leuchtend bunte Gewänder oder aber schlichtes, sackfarbenes Leinen. Auffallend sind ihre breiten, goldenen Nasenringe, in denen viele bunte Steine in der Sonne funkeln. Ihr schwarzes Haar glänzt. Was wollen sie nur von uns? Warum halten die das fremde Fahrzeug an? Ich steige aus, um genau das zu erkunden. Aber die Frauen sagen kein Wort, sie schauen uns nur neugierig an und versperren weiter den Weg. Auch gut, denke ich und greife zur Leica. Hier in Orissa braucht man wirklich nicht nach Motiven zu suchen. Die Frauen bleiben ruhig stehen, lassen sich bereitwillig fotografieren und sogar so platzieren, wie ich es für meine Bilder wünsche. Die mit dem schönsten Gesichtsschmuck bitte ich nach vorne in die erste Reihe. Plötzlich bricht ein Redeschwall über uns herein, wir verstehen kein einziges Wort. Und dass ich jetzt weiterfahren möchte und sie die Straße freigeben sollen, verstehen die Frauen – natürlich – auch nicht. Sie beginnen zu singen und zu tanzen. Nun greife ich wieder zur Kamera und anschließend zum Tonbandgerät. Aber irgendwann möchten wir doch weiterfahren. Die Frauen weichen keinen Zentimeter von der Straße, sie bedrängen unser Auto, legen sich sogar auf Kotflügel und Motorhaube und schreien schrill durcheinander, sodass es mir unheimlich wird. Aber unbeirrt lasse ich den Wagen ganz langsam anfahren. Schließlich springen die lästigen Frauen ab und laufen neben uns her. Endlich haben wir freie Fahrt, aber nur für wenige Kilometer. Kaum haben wir die letzten Hütten eines Urwalddorfes hinter uns gelassen, da versperren uns Mädchen mit einer kräftigen Bambusstange den Weg. Sie tanzen und singen nicht, sie stecken uns weiße Blüten ins Haar. Wie sollen wir uns jetzt wieder verhalten? Ich versuche, freundlich zu lächeln und steige ein – da heben die Mädchen ihre Bambusstange vor unser Auto und sehen mich drohend an. Langsam lasse ich die Kupplung kommen, der Wagen rollt. Aber die Mädchen halten die Stange fest und klammern sich an unseren VW.

Mir kommt die Situation langsam lächerlich vor. Sollten wir so eine Handvoll junger Mädchen nicht einfach verjagen können? Jetzt will ich es gewaltsamer versuchen. Der Motor heult auf, die Reifen schleudern Sand und Steine zur Seite, mit Vollgas brause ich im Zickzack auf die Mädchen zu. Sie werden erschrocken ihre Bambusstange fallen lassen und zur Seite springen – denke ich. Aber die Mädchen bleiben stehen und ich rase auf die Stange zu, die immer noch fest in ihren Händen liegt. Der Aufprall ist so stark, dass einige Mädchen zu Boden fallen. Die Stange schabt über Lack und Windschutzscheibe und verhakt sich hinter dem vorderen Nummernschild, sodass es im rechten Winkel absteht.

Die Mädchen sind mit dem Schrecken und unser Auto mit einigen Kratzern davongekommen. Am Abend erreichen wir das Dorf Laksmipur.

Hier bin ich zum ersten Mal mitten im Dschungel. Alles ist neu, fremd und aufregend, und ich finde nachts keine rechte Ruhe vor den vielen Moskitos. Durch den Raum einer kleinen Missionsstation huschen Eidechsen und mir unbekannte Käfer. Aus dem nahen Tal dringen menschliche Stimmen und dumpfe Trommelwirbel zu uns herauf. Dazwischen kläffen Hunde. Da es mir nicht gelingt einzuschlafen, ziehe ich mich an und gehe in die Nacht hinaus. Meine Stablampe findet den Sandweg durch Reisfelder und Ödland. Die Trommeln des nahen Dorfes weisen mir die Richtung. Am Dorfeingang brennen Feuer unter einem mächtigen Baum.

Wie gespenstische Schatten springen halbnackte Tänzer um die zuckenden Flammen, Masken verdecken die schweißtriefenden Gesichter. Die Männer tanzen und schreien, bis sie erschöpft zusammenbrechen. Neue Tänzer setzen diesen nächtlichen Spuk fort. Dunkle Augenpaare funkeln mich für Sekunden an, starke braune Hände schlagen auf der Felltrommel unermüdlich einen wilden Takt, zu dem schrill eine Bambusflöte tönt. Der Musikant sieht müde aus, aber er bläst mit vollen Backen. Eine Frau mit schrecklicher „Kriegsbemalung" tanzt durch das Feuer, fällt um und wird wieder hochgerissen. Die Menschen scheinen in Trance zu sein, mich beachten sie gar nicht.

Ein großer Haufen Holzkohle wird durch geschwenkte Palmwedel zur Rotglut gebracht – und alle Tänzer springen hinein, tanzen in der Glut weiter, brechen zusammen, werden von schnellen Händen wieder hochgerissen. Nun werden kleine Lämmchen gebracht, die Trommeln dröhnen stärker. Ich sehe in furchterregende Gesichter, die im Schein des Feuers noch schrecklicher wirken, so als gehörten sie nicht in diese Welt. Die scharfe Tigeraxt blitzt im Feuerschein. Ohne einen Laut von sich zu geben, stürzt ein Lamm vornüber und verblutet im Sand. Und wieder fährt die Axt mit dem langen Stiel hernieder – ein zweites Lamm ist enthauptet. Sehnige Hände schlagen aufpeitschende Rhythmen, Tiere sterben, schweißnasse Gestalten tanzen durch die Glut und aus ihren Augen leuchtet Angst, Entsetzen und Wildheit.

Hier wird ein heidnisches Fest gefeiert, ein Kult um Götter und Dämonen. Die Nacht im Urwald ist laut, warm und voller Geheimnisse. Neun

Lager in der Sahara. Fast ein Jahr lang waren die beiden Freunde Helfried Weyer (links) und Hartmut Stielow mit ihrem Käfer unterwegs.

Die beiden jungen Buxtehuder wurden von der lokalen Nudelfabrik gesponsert und aßen zweimal täglich Birkel-Eiernudeln.

Tage und neun Nächte dröhnen in Laksmipur die Trommeln. Es ist das Opferfest für die Pockenkönigin. Lämmer, Ziegen und Hühner werden der Göttin geopfert. Dafür soll sie das Dorf vor den schwarzen Pocken bewahren, die im Nachbardorf ausgebrochen sind.

Wie anders sieht doch das Leben in der Missionsschule von Missionar Speck aus! Im ersten Morgenlicht sehe ich sauber gekleidete Buben mit langen Zweigen den Weg zur Bergkapelle fegen. Dann läutet das kleine Glöckchen und die Gemeinde kommt von weit her barfuß durch den Urwald, mit glücklichen Gesichtern und leuchtenden Augen. Bald schon fasst der kleine Raum die Gemeinde nicht mehr. Da sitzen Frauen auf dem Fußboden und stillen ihre Babys während des Gottesdienstes, da lauschen die Alten genau wie die Buben, die hier oben in der Mission ausgebildet werden.

Die Jungen haben uns zwei Stühle vom Missionshaus hinauf in die Kapelle getragen. Wir sind Europäer, wir sollen nicht wie die Einheimischen auf dem Boden hocken. Etwas beschämt danke ich für ihre Mühe, für den Respekt.

Nach dem Gottesdienst hören wir einen Motor brummen und ein kurzes Hupsignal. Ein Unimog fährt auf den Hof und stoppt neben unserem VW. Der Fahrer des Wagens ist ein schlanker, blonder, braungebrannter Mann, gut 50 Jahre alt. Er trägt weiße Tropenkleidung und einfache Ledersandalen. Unzählige Fältchen durchziehen das hagere, scharf geschnittene Gesicht mit den hellen, furchtlosen Augen, denn das harte Leben in der Wildnis hat dieses Antlitz geprägt. Der Fremde, der eben aus dem Dunkel des Urwaldes ankam, ist Missionar Reimer Speck. Der Mann begrüßt Hartmut und mich wie gute Bekannte. Dann gilt seine Sorge gleich wieder den vielen Kindern seiner Station.

Hier im Dschungel weckt nicht der Hahnenschrei, sondern die große Hitze, die schon bei Sonnenaufgang beginnt. Reimer Speck hantiert bereits in seinem Werkraum und packt Ersatzteile aus Kisten, die während seiner Abwesenheit geliefert wurden. Was kann dieser Mann eigentlich nicht? Er ist Automechaniker, Landwirt und Baumeister. Den Bungalow und die kleine Kapelle auf der Anhöhe darüber hat der Missionar selbst gebaut. Zuerst aber ist er Prediger, Lehrer und Erzieher.

Zum Frühstück gibt es Pfefferwasser und Reis, und bei diesem neuen, sehr scharfen Getränk lacht Reimer Speck über unsere tränenden Augen.

„Bald werdet ihr euch daran gewöhnt haben und es erfrischt großartig. Ihr werdet trotz großer Mittagshitze keinen Durst verspüren.“

Wir erzählen dem Missionar von den seltsamen „Mädchensperren“ auf dem Weg hierher und der Mann lacht wieder.

„Vor einer Woche hat man hier in den Bergen das Frühlingsfest gefeiert, und nach dem Fest sind alle Familien so heruntergewirtschaftet, dass die Frauen kein Essen mehr kochen können. Sie betteln dann und erheben von jedem Autofahrer ein Entgelt, denn Autofahrer sind in ihren Augen immer reich. Die Frauen strecken dabei nicht bittend die Hände aus, sie bleiben einfach stur, bis man ihnen etwas gibt. Wenn sie meinen Unimog sehen, laufen sie meistens davon, denn wir haben die Bettelei verboten.“

Zu dem Dienst im Hospital der Missionsstation gehört auch der Krankenbesuch in weit abgelegenen Dörfern. Pentajam ist so eine Außenstation. Das Dorf liegt viele Wegstunden entfernt in den Kondbergen und ist mit einem Auto gar nicht zu erreichen. Dort steht ein Zelt der Mission, außerdem sind in einer Hütte Medikamente gelagert. Die Bewohner wissen, dass alle zwei Wochen ärztliche Hilfe kommt. Dann eilen die Kranken aus allen umliegenden Dörfern herbei. Das Arztehepaar Winkler aus Lübeck macht sich auf den beschwerlichen Weg und nimmt uns beide mit. Noch in dunkler Nacht brechen wir mit einem Jeep auf. Im Morgengrauen sind hohe Berge vor uns zu erkennen, viel höher als die bei Laksmipur. Nach gut zwei Fahrstunden verlassen wir die feste Straße, durchqueren Flüsse ohne Brücken und versinken mit den Reifen tief im Morast. Schwerfällige Ochsenkarren kommen aus einer Staubwolke und blockieren lange Zeit unsere Weiterfahrt. Der Weg wird immer schlimmer, dann taucht ein verstecktes Dorf auf. Auch hier hat Missionar Speck eine kleine Kapelle gebaut. In sie hinein wollen wir unseren Jeep stellen und sie dann verschließen. Aber da protestiert der eingeborene Pastor. Heute ist Himmelfahrtstag, und in einer Stunde wird die Gemeinde zur Kapelle kommen. Was wird sie sagen, wenn das große Auto in ihrer kleinen Kirche steht! Frau Dr. Winkler weiß Rat und erklärt dem staunenden Pastor, dass man am Himmelfahrtstag den Gottesdienst immer unter einem Baum abhält und nie in einer geschlossenen Kapelle. Das leuchtet ein und gemeinsam suchen wir einen geeigneten Baum am Rande des Dorfes aus. So steht unser Jeep in Sicherheit. Wir müssen jetzt Träger anheuern, denn bis Pentajam sind es noch viele

Stunden und unsere Ausrüstung ist schwer. Bald hängen unsere Lasten – Medikamente und medizinische Geräte – an gekrümmten Stangen über den braunen Schultern der kräftigen Konds. Wir Weißen – ohne Gepäck – wählen einen beschwerlichen, aber kurzen Weg über die Bhai-Bhoni-Berge, die sich etwa 1.800 Meter über den Dschungel erheben. Ein Kondführer mit scharfer Tigeraxt begleitet uns, während die Lastenträger einen längeren, aber leichteren Weg durch die Täler gehen. Die Konds meiden hohe Gipfel, denn nach ihrer Meinung wohnen da oben immer noch Götter und Geister. Selbst die Christen unter ihnen haben diesen Aberglauben nicht ganz abgelegt.

Rostbraun liegen tief unter uns die Dschungeltäler, man kann die Hitze flimmern sehen. Wir gönnen uns eine Rast, die Feldflasche mit frischem Quellwasser geht von Mund zu Mund. Unser Kondführer erzählt während der Rast – natürlich – von Tigern:

„Nicht weit von meinem Dorf arbeitete ein Mann mit seiner Frau auf einem Reisfeld. Gegen Mittag brach ein Tiger aus dem Wald und sprang die Frau mit einem mächtigen Satz an. Wir waren viele Männer und arbeiteten nur hundert Schritte von der Frau entfernt. Ich sah den Mann seiner Frau zu Hilfe eilen – er trug aber keine Axt bei sich, die lag zu weit entfernt im Gras. Mit einem schweren Stein schlug er auf den Tiger ein und trieb ihn in den Wald zurück. Wir waren schnell an der Unfallstelle, aber die Frau war schon tot, ihr Mann schwer verletzt. Er ist wieder genesen und möchte den Tiger, der seine Frau getötet hat, nun selbst erlegen."

Am späten Nachmittag erreichen wir müde, hungrig und durstig das kleine Dorf Pentajam. Vor den ersten Hütten sehe ich Schatten tanzen und dann erkenne ich Männer, die sich von ihren Frauen gründlich waschen und abschrubben lassen. Der Anblick der nassen, nackten Männer mit ihren verdutzten und triefenden Gesichtern ist erfrischend. Ich möchte lachen, aber ich verkneife es mir, denn ich bin Gast hier am Ende der Welt.

Die Winklers machen sich gleich an die Arbeit und beginnen mit ihrer Sprechstunde, auf die viele Dorfbewohner schon sehnsüchtig gewartet haben.

Am Abend flammt das Lagerfeuer mitten im Dorf auf und die Trommeln beginnen zu dröhnen. Dann zittert die heiße Erde unter tanzenden Füßen. Nun klingen die Glöckchen an den schlanken Fußfesseln der jungen Mädchen und an den Zehen der Frauen. Seltsamen Schmuck tragen die Kondfrauen; breite Fußringe aus Messing und Silber, kunstvoll gearbeitet und gehämmert. Dazu zieren einzelne Ringe die Zehen, breite Reifen die Unterarme, oft so viele übereinander, dass sie bis zum Gelenk reichen. Ringe blitzen auch in den Nasenflügeln und in ihren Ohren. Farbige Steine funkeln über der Oberlippe.

Viel Spaß bereitet allen mein Tonbandgerät. Ich nehme Tänze auf und lasse die Musik dann abspielen. Die Konds hören eine Weile still zu. Nach einigen Minuten begreifen sie, dass es ihre eigene Musik ist, dann brechen sie in tosenden Beifall aus. Jetzt hört keiner mehr zu, alle reden durcheinander, jeder sucht nach einer Erklärung. Sie bemerken gar nicht, dass ich die Musik abstelle und nun das laute und aufgeregte Gerede aufnehme. Bald wiederholt sich der Spaß und der Beifall nimmt zu. Schließlich kommt ein alter Mann zu mir und fragt, ob er alleine ein Lied für unser Zaubergerät singen darf.

„Gewiß", sage ich, „dann müssen die anderen aber ganz still sein."

„Das ist es nicht, aber mein Lied ist doch in Hindi, ich kann es nicht in der Kondsprache singen. Wird das Gerät dieses Lied trotzdem verstehen?" Besorgt sieht mich der Alte an.

„Aber natürlich versteht mein Gerät die Hindisprache, sie ist doch in ganz Indien verbreitet."

Er singt. Unser Gerät versteht jedes Wort. Der Mann ist gerührt vor Freude.

Die Sterne sind verdeckt, erste Regentropfen fallen zischend in die Glut des Feuers. Es ist Zeit für die Nachtruhe. Wir bleiben zwei Tage lang in Pentajam und haben in dieser kurzen Zeit unter den Jungen und Mädchen so viele Freunde gefunden, dass sie mich zum Abschied bitten, von unserer langen Reise durch drei Kontinente zu erzählen.

Dr. Winkler übersetzt jedes Wort in die Kondsprache:

„Überall in der Welt haben wir Menschen getroffen, die andere Hautfarben haben als wir und auch andere Anschauungen vom Leben. Aber ihre Nöte und Fragen sind überall auf der Welt die gleichen. Sie brauchen Reis, um satt zu werden, und sie brauchen Liebe, um in Frieden glücklich miteinander zu leben. Und genauso habe ich es hier bei euch auch erlebt. Ich habe gesehen, dass Orissa kein Museum ist, sondern genau wie unsere Heimat in Europa ein Land mit guten und fröhlichen Menschen. Unsere

Hautfarben sind verschieden, aber nicht unsere Herzen. Ich habe gesehen, dass ihr die gleichen Fragen und Wünsche habt wie die Menschen aller Völker. Das werde ich auch in Deutschland erzählen – und ich werde die Bilder dazu zeigen, die ich hier fotografiert habe, und dazu die Musik abspielen, die mein Gerät beim Tanz am Abend aufgenommen hat. Erzählt aber auch bei euch im Urwald weiter, dass Gott keinen Unterschied zwischen schwarzen und weißen Menschen macht und auch nicht zwischen hohen und niedrigen Kasten und Kastenlosen. Erst wenn alle Menschen in der Welt und in ganz Indien so denken wie Gott, so wie ihr es von den Missionaren gelernt habt, wird es keinen Hunger und keinen Streit mehr unter den Menschen geben. Ich danke euch allen für die schönen Tage im Urwald, an denen ihr uns geholfen habt, an denen ihr unsere Geräte durch Flüsse und durch den Wald getragen habt. Ich danke euch, dass ihr für uns gesungen und getanzt habt. Ich freue mich, dass ich euer Freund sein darf."

Wieder Szenenwechsel. Eines Abends – der Regen hat gerade nachgelassen – höre ich in der Nähe des Zeltes Gesang, dazu die klagenden Laute einer Flöte. Wir sind schon über 3.000 Meter hoch, und hier ist die Luft merklich kühler. So ziehe ich den warmen Anorak über und gehe der Musik nach. Vor zwei flachen Zelten aus schwarzbraunem Yakhaar glimmt ein Feuer, davor sitzen eine Frau und zwei Männer. Sie tragen Ledersandalen und bunt bestickte Kittel, die durch einen Gürtel, in dem ein Dolch steckt, zusammengehalten werden. Man sieht mich kommen, aber der Spieler bläst weiter auf seiner Holzpfeife und die anderen reiben sich im Rauch des Feuers die kalten Hände. Der Wortführer, der größte von allen, fordert mich auf, Platz zu nehmen. Er lächelt und ich sitze stumm da, höre die seltsam fremde Musik und reibe ebenfalls die Hände über der Glut, nur um etwas zu tun.

Meine Gastgeber sind Tibeter, die eine große Lastenkarawane durch den Himalaya nach Indien treiben. Sie haben Salz geladen. Von den vereisten Bergwänden zu beiden Seiten der Kali-Gandaki-Schlucht weht Kälte zu uns rüber. Aber bald schon kocht heißer Tee in einem Topf, fettiger Buttertee. Dann hören wir die ersten Tropfen eines Regenschauers in der Glut zischen. Der Regen wird heftiger, aber wir hocken um das Feuer und vergessen den Alltag. Er ist auf dieser Wanderung durch Nepal von uns abgefallen.

In den Himalaya habe ich mich damals genauso verliebt wie in die Wüste, und die Tibeter haben mich derart fasziniert, dass ich nach meiner ersten Begegnung mit diesen Nomaden beschlossen habe, irgendwann nach Tibet zu reisen (was 1964 noch gar nicht möglich war).

Der Urwald war spannend und die Menschen dort prächtig, aber dorthin hat es mich nie wirklich zurückgezogen.

Wir mussten langsam an unsere Heimreise denken; Indien, Pakistan, Afghanistan, Persien, Türkei – und schon bist du wieder in Europa.

Beim Geradebiegen unseres Nummernschildes ist es an der Doppelbohrung gebrochen und das betreffende Stück bekam seinen festen Platz über den Armaturen vor der Windschutzscheibe. So konnten wir alle asiatischen Grenzen problemlos passieren und auch durch Griechenland, Jugoslawien und Österreich fahren – bis nach Freilassing zwischen Salzburg und Bad Reichenhall. Dort wollte man uns mit dem zerbrochenen Nummernschild nicht einreisen lassen. Trotz unserer Erzählung, die wir durch viele Stempel belegen konnten, blieben die deutschen Grenzer stur und schickten uns zur KFZ-Zulassung, wo wir ein neues Nummernschild erwerben mussten. Im seinem wunderschönen Glanz passte es so gar nicht zu unserem stark ramponierten und staubigen Auto.

Reisen ist in der Jugend
ein Teil der Erziehung,
im Alter ein Teil der Erfahrung.“

Francis Bacon

Die Kiste vom Nanga Parbat (1979)

Expedition zum deutschen Schicksalsberg

Obwohl ich nie ein ausgewiesen guter Bergsteiger war, wurde ich 1979 von dem österreichischen Extremsportler Helmut Linzbichler auf die „Hermann-Buhl-Gedächtnisexpedition“ zum Nanga Parbat eingeladen. Ich fühlte mich geehrt und sagte zu. Mein Job war die fotografische Dokumentation, und es machte mir Spaß, mein winziges Zelt in knapp 7.000 Meter Höhe in eine richtige Dunkelkammer zu verwandeln und dort oben mit klammen Fingern Kleinbildfilme in Jobo-Dosen zu entwickeln. Die Negative wurden beschriftet und dann zunächst mit Läufern und später per Post zu unserer Partnerzeitung „Kurier“ nach Wien und auch zur dpa nach Frankfurt geschickt.

Nach der Expedition – den Gipfel des Nanga Parbat hatten wir nicht erreicht – schickte ich eine Zarges Kiste mit mehreren Leicas, Objektiven und einem Uher Tonbandgerät als unbegleitetes Fluggepäck nach Deutschland zurück. Meine belichteten Diafilme behielt ich – Gott sei Dank – im Handgepäck. Als diese Kiste einen Monat später immer noch nicht in meinem damaligen Wohnort Wetzlar angekommen war, reklamierte ich die Sendung bei der pakistanischen Fluggesellschaft PIA. Die durchaus freundlichen Mitarbeiter der Airline versprachen zu recherchieren und nachzuforschen. Leider ohne Ergebnis. Die Kiste sei weder in Frankfurt noch in Rawalpindi auffindbar, ließ man mich wissen. Das konnte ich nicht glauben und deshalb bat ich um ein Flugticket. Ich wollte in Pakistan selber nach meinen Sachen suchen.

Zu unserer Expedition gehörte auch der Biologe Dr. Fritz Gartner aus Linz. Er hatte am Fuß des Nanga Parbat bis hinauf zur berühmten Märchenwiese fleißig Pflanzen gepresst und katalogisiert. Seine gesamte Sammlung lag ebenfalls in einer Kiste, die nie angekommen war.

Die PIA gab mir kein Ticket, sondern einen geringen Versicherungswert, der nach Kilogramm berechnet wurde; für ein Kilo Leica etwa 20 DM.

Ein Jahr später führte ich zusammen mit Renate – wir hatten uns wenige Wochen nach der Nanga-Parbat-Expedition während einer Fotoreise auf Island kennengelernt – eine Trekkingtour zur Märchenwiese am Fuß des Achttausenders, den ich ja von der Expedition recht gut

Eine Schlüsselstelle auf der Nanga-Parbat-Nordroute (Hermann-Buhl-Weg) ist der Rakiot-Eisbruch.

kannte. Für Renate war es die erste große Reise nach Asien und sie begann mit einem richtigen Abenteuer in Kairo. Bei der Zwischenlandung platzte ein Reifen und unser Flugzeug schleuderte verwegen über die Piste, bis wir endlich im Neunziggradwinkel zum Stillstand kamen. Während des Fluges hatten wir den bekannten Bergsteiger Reinhard Karl aus Heidelberg kennengelernt. Dieser Mann stand 1978 als erster Deutscher auf dem Gipfel des Mount Everest. Er war jetzt auch auf dem Weg zum Nanga Parbat, den er in einer Kleinstexpedition zusammen mit einem spanischen Kletterer besteigen wollte. In Kairo fuhr die PIA ihre „gestrandeten" Passagiere in ein Hotel. Weil wir keine Ägyptenvisa hatten, wurden alle Pässe eingesammelt und man wies uns an, das Hotel bis zum Weiterflug nicht zu verlassen. Es sollte ja auch nur für eine Nacht sein. Aber während des Radwechsels beim Flugzeug brach eine Hebevorrichtung und verletzte den Mechaniker tödlich. Der Unfall führte zu einer weiteren Verzögerung, sodass wir – auch ohne Visum – zusammen mit Reinhard Karl Gizeh besuchen konnten. Dort steckte der Bergathlet sein T-Shirt in den Rucksack und begann eine Pyramide zu erklettern. Wow! Unsere Frauen bekamen große Augen und wir Männer wurden ganz klein. Reinhard Karl war ein Mann, der hundert Klimmzüge mit einer Hand schaffte!

Erst nach drei Zwangsübernachtungen konnten wir schließlich weiter nach Rawalpindi fliegen. Dort mussten wir wieder in ein Hotel.

Renate war hundemüde und legte sich aufs Bett, mich aber trieb es zum Flughafen, zur Frachtabteilung und zum Zoll. Dort hatte ich vor einem Jahr meine Expeditionskiste aufgegeben und sie dann eigenhändig in den offenen Zollhof getragen. Und genau dort stand sie noch immer, an jenem Punkt, wo ich sie abgestellt hatte – neben der botanischen Sammlung meines Freundes Fritz Gartner. Aber die pakistanischen Beamten ließen mich partout nicht an meine Kiste, sie verlangten Papiere, Stempel und vieles mehr – wahrscheinlich vor allem Bakschisch. Also suchte ich das nächste Telefon und rief Renate an.

„Ich habe meine Kiste gefunden, allerdings komme ich nicht so schnell ran. Es wird dauern. Komm doch einfach mit einem Taxi raus, vielleicht ist eine blonde Frau bei diesen Beamten hilfreich."

Ich wartete knappe 30 Minuten, dann traf ein Taxifahrer aus der Stadt kommend ein und erzählte einem neben mir stehenden Kollegen, dass er auf halbem Weg zum Flughafen mitten auf der Straße ein Taxi ohne

Fahrer gesehen habe – in dem Auto saß ganz alleine eine unverschleierte blonde Frau. Diese Meldung war gar nicht für meine Ohren bestimmt, aber sie schlug trotzdem wie ein Blitz ein. Ich drehte mich zu dem Fremden um und rief ihm zu:

„Das ist meine Frau! Komm, steig in dein Auto und fahr los!"

Schon nach wenigen Minuten fanden wir Renate, immer noch alleine im Taxi wartend. Ihrem Fahrer war das Benzin ausgegangen und so hatte er sich mit einem leeren Kanister zu Fuß auf den Weg gemacht. Kurz darauf konnte ich Renate voller Freude unsere Kiste zeigen mit der aufgeklebten Banderole: Hermann-Buhl-Gedächtnis Expedition, Nanga Parbat '79.

Die Beamten, von denen ich mir Papiere und Stempel erhoffte, hatten inzwischen Feierabend und vor dem Tor zum Zollhof standen jetzt zwei bewaffnete Soldaten.

Ich bat unseren Taxifahrer zu warten und sagte den Soldaten betont freundlich, dass ich die beiden Kisten dort rausholen werde, erst meine und dann die von Fritz Gartner. Es waren ja nur jeweils sechs Schritte.

„Genau das werden wir verhindern. Sie können die Kisten morgen auslösen, wenn das Zollbüro geöffnet ist."

„Das kann ich leider nicht, denn morgen sind wir auf dem Weg zum Nanga Parbat. Deshalb hole ich jetzt die Kisten. Was wollen Sie dagegen tun?"

„Wir werden notfalls schießen, das ist unser Job."

Der Soldat sagte diesen Satz ruhig und höflich.

„Okay, dann erschießen sie mich."

Ich ging schnellen Schrittes an den verdutzen Soldaten vorbei, und nahm zunächst meine Kiste und stellte sie neben Renate ab. Nachdem ich auch die zweite Kiste draußen hatte, bat ich den Taxifahrer, unser Gepäck in sein Auto zu laden und abzufahren. Vor den beiden pakistanischen Wachsoldaten salutierte ich richtig zackig, wie ich es vor vielen Jahren in der Bundeswehr gelernt hatte. Beide grüßten zurück.

Die Sache ist einfach: Pakistanische Beamte haben immer noch großen Respekt vor weißen Europäern, und die Soldaten – das hörte ich später – hatten gar keine scharfe Munition in ihren Gewehren. Zur Sicherheit auf dem Zollhof!

Im Hotel dann die nächste Überraschung: Aus meinem Uher Tonbandgerät waren die Batterien ausgelaufen und hatten die kostbaren

Kameras teilweise zerstört. Die botanische Sammlung von Fritz Gartner hatte ein Jahr Tropensonne auf dem Zollhof auch nicht überlebt. Alle Pflanzen waren verfault. Am Abend saßen wir zusammen mit Reinhard Karl an der „trockenen" Hotelbar – es gab nur Mineralwasser und Tee – und plauderten über unser gemeinsames Lieblingsthema, die Fotografie.

„Schau dir diese neue Leica R3 an, so einen Scheißeisenhaufen soll ich 8.000 Meter hoch schleppen! Aber ich werde es tun, denn ich liebe diese Kamera fast so wie meine Eva in Heidelberg."

Das war ganz typisch Reinhard Karl. Er war ein Spitzenbergsteiger und eine ganz ehrliche Seele von Mensch.

Zwei Wochen später trafen wir uns wieder – im Hotel in Rawalpindi. Wir kamen von einer großartigen Trekkingtour zurück, auf der unsere kleine Fotografengruppe nicht nur die Märchenwiese erreicht hatte, sondern auch das Nanga-Parbat-Basislager in knapp 5.000 Meter Höhe. Reinhard dagegen wartete immer noch auf Behördenpapiere, Stempel und letzte Genehmigungen. Dann verabschiedeten wir uns und ich musste bei dem eisernen Händedruck von Reinhard um meine Finger fürchten.

„Hör zu, die Geschichte mit deiner Kiste hat mir gefallen. Warum gehen wir nicht zusammen zur Nordroute des Nangas, irgendwann mal? Du bist in zwei Tagen zu Hause, ich sitze dann wahrscheinlich immer noch hier in Pindi zwischen den Behörden. Ruf meine Frau Eva an und sage ihr, dass ich in der Bürokratie total feststecke und mich sehr nach ihrem warmen Hintern sehne!"

„Das kann ich deiner Frau so nicht sagen, ich kenne Eva ja gar nicht."

„Wenn du ein Freund bist, sage es ihr genau so!"

Ich war kein guter Freund. Ich habe Grüße bestellt, ihr aber nichts von Reinhards Sehnsüchten erzählt.

Reinhard Karl hat den Gipfel des Nanga Parbat nicht erreicht – zu viel Schnee. Aber schon wenige Wochen nach seiner Rückkehr saßen wir in unserer Wohnung und schmiedeten neue Pläne. Mit einer kleinen Mannschaft wollten wir 1983 noch einmal die Hermann-Buhl-Route auf der Nordseite versuchen. Reinhard war als Expeditionsleiter vorgesehen. Er war zuversichtlich und trichterte uns immer wieder diesen Satz ein: „Lernt euch zu quälen, bis die größte Qual für Körper und Geist ganz normal wird. Das ist das Geheimnis des Höhenbergsteigens."

Von unserer österreichischen Expedition gehörte nur Gerhard Buzzi zum neuen Team. 1979 arbeitete er für den „Wiener Kurier" und jetzt für die „Bild" in Hamburg.

Mai 1982. Renate und ich kamen spät nach Hause, von einer Elternversammlung in der Schule. Da erzählte uns mein Sohn Hardy traurig und völlig verstört, dass jemand angerufen hätte. Er wusste nicht wer. Ein Mann hat gefragt, ob wir wissen, was Reinhard Karl zugestoßen ist. Vermutlich sei er im Himalaya abgestürzt.

Schockiert suchten wir auf allen Sendern Nachrichten, fanden aber nichts. Eva Karl, das wussten wir, war in Kathmandu. Ich rief bei der dpa in Frankfurt an – aber auch dort war es Nacht. Gerhard Buzzi meldete sich aber noch in seiner Hamburger Wohnung. Er hatte nichts gehört und sagte nur: „Bin schon unterwegs in meine Redaktion. Wenn das wahr ist, finde ich eine Meldung auf dem Ticker."

Eine halbe Stunde später klingelte das Telefon. Gerhard bestätigte mit einem hörbaren Frosch im Hals die traurige Vermutung. Eine Eislawine hatte Reinhard Karl am Cho Oyu in seinem Zelt erschlagen. Gerhard blieb in der Redaktion und schrieb mitten in der Nacht einen kurzen Nachruf, der am kommenden Morgen in der Bild-Zeitung erschien.

Wir saßen noch lange fassungslos daheim und weinten um einen wahren Freund. Die Sonne trocknet Tränen, aber niemals die Trauer um einen lieben Menschen, mit dem wir so große Pläne geschmiedet hatten und der plötzlich nicht mehr war.

Hardys Schlusskommentar: „Papa, der Reinhard hat in seinem kurzen Leben hundertmal mehr erlebt, als viele andere Menschen, die uralt werden!"

Man reist nicht,
um anzukommen."

Johann Wolfgang von Goethe

Meine erste „Trekkingtour" (1945)

Unsere Flucht nach Westen

Auf der Bergwanderung zur Märchenwiese am Nanga Parbat jagte ein unvorhersehbares Ereignis das nächste. Erst Kairo, dann Rawalpindi und später ein Trägerstreik am Berg, dazu kein genießbares Wasser in der Sonnenhölle des Industales (siehe dazu das Zitat von Marco Polo auf Seite 1). Zu allem Überfluss hatte Renate auch noch ihre Uhr verloren, die ich ihr zur Verlobung geschenkt hatte.

„Sag mal, sind deine Touren immer so aufregend? Passiert da dauernd etwas? War das vor meiner Zeit auch schon so abenteuerlich?"

„Ja und nein. Von meinen frühen Fahrten per Fahrrad nach Afrika und per Auto in den Himalaya habe ich dir erzählt. Aber meine allererste Trekkingtour liegt viel weiter zurück und da hat man wirklich mit scharfer Munition geschossen."

Ich wurde 1939 in Königsberg geboren und lebte als Kind mit meiner Familie in Elbing. Weihnachten 1944 war Königsberg bereits zerstört und von den Russen besetzt, deshalb hatte meine Mutter zwei Schwestern und ein halbes Dutzend Nichten und Neffen in allerletzter Minute nach Elbing geholt. Es wurde ein richtig fröhliches Weihnachtsfest mit Krippenspiel, Gedichten und Liedern, obwohl unsere Väter alle im Krieg waren.

Am 23. Januar 1945 wollte meine Mutter in die Stadt gehen, um Brot für die vielen hungrigen Mäuler zu kaufen. Aber schießende Panzer und Heckenschützen ließen sie rechtzeitig umkehren, und weil es auch in der Nähe unseres Hauses am Stadtrand blitzte und knallte, schlich sich meine Mutter ohne Brot durch die Nachbargärten an Zäunen und Büschen vorbei zurück nach Hause. Am Abend wurden unsere letzten beiden Kaninchen geschlachtet und gegessen. Dann packten wir alle noch vorhandenen Lebensmittel in Rucksäcke. Zwei Koffer Fluchtgepäck landeten zusammen mit meiner Oma auf dem Rodelschlitten. Alle Kinder bekamen ein Schild mit Namen und Zielort Hamburg um den Hals gehängt – und los ging es, hinaus in die eiskalte Winternacht.

Meine Mutter erinnerte sich an den Abschied von ihrem Haus in Elbing so:

„Ich hatte den Hausschlüssel in der Hand und überlegte, ob ich die Tür verschließen sollte. Ich tat es nicht in der Hoffnung, sie würde dann

Masuren im Winter. 1945 sind wir bei minus 20° Celsius
in Ostpreußen zu Fuß mit einem Rodelschlitten aufgebrochen.

heil bleiben, wenn deutsche oder russische Soldaten in das Haus eindringen wollten."

Seit Tagen hatte es geschneit und viele hundert Menschen zogen in dieser Nacht mit ihren Schlitten – und auch ohne – durch den frischen Schnee nach Westen. Es war eine unheimliche Nacht; in der Ferne hörten wir das dumpfe Grollen der Artillerie und in der Nähe die Einschläge von Granaten. Wir sahen brennende Häuser neben der Straße und verglühende Dörfer am Horizont. Und wir Kinder ahnten nicht, was in den Köpfen der Erwachsenen vorging. Sie alleine wussten, wie ungewiss unser aller Zukunft war. Die Großfamilie Weyer bildete eine richtige Kolonne: neun Kinder, drei erwachsene Frauen und eine fast 80-jährige Oma. Meine Mutter übernahm das Kommando und wenn wir in einer Straße Panzer sahen, wichen wir auf Nebenwege aus. Wir stolperten an toten Soldaten und Zivilisten vorbei aus der Stadt Elbing hinaus.

Auf dem Weg nach Danzig überholten uns immer wieder zivile und militärische Autokolonnen. Viele hielten an und nahmen Flüchtlinge mit. Aber niemand hatte Platz für unsere große Gruppe. Ein Auto konnte aber vier Personen unterbringen. Da trennte sich eine Schwester meiner Mutter mit ihren beiden eigenen Kindern und mir vom Haupttrupp der Weyers. Wir wollten uns alle in Danzig am Bahnhof treffen. Schon nach wenigen Kilometern hielt unser Fahrer an und warf „seine Flüchtlinge" raus in den Schnee – ohne weitere Erklärung. Da standen wir nun, alleine, ohne Schlitten und ohne Fluchtgepäck. Meine Tante hatte nicht einmal Lebensmittelmarken und ihre Gesundheit war angeschlagen; sie konnte kaum noch sprechen. Unser nächster „Lift" war ein deutscher Militär-LKW. Der blieb aber nach einem Russenbeschuss sehr bald liegen, wurde repariert und fuhr uns zu einem Bahnhof. Dort stand ein Lazarettzug, der irgendwann nach Westen fahren sollte. Was für ein Glück, dass meine Tante immer kränker wurde! Nur deshalb ließ man uns einsteigen. Für den Rest der Reise brauchten wir etwa drei Wochen und mussten fast täglich raus und unter die Wagen, weil Tiefflieger unseren Zug trotz deutlich sichtbarer Rotkreuzzeichen beschossen. Aber das war für uns eine Kleinigkeit im Gegensatz zu unseren Abteilsnachbarn, denen man während der Flucht aus Elbing Arme oder Beine abgeschossen hatte und die sich trotz ihrer schweren Verletzungen ohne ärztliche Hilfe bis zu diesem letzten Zug durchgeschlagen hatten.

Nach Tagen erreichte der Trupp meiner Mutter Danzig und fand dort zusammen mit Tausenden anderen Flüchtlingen Unterkunft im Schützenhof. Es gab sogar warme Suppe und für die Kinder Grießbrei. Danach wollten sie nur noch schlafen, irgendwo in einer freien Ecke am Boden. Aber gegen Mitternacht wurde meine Mutter plötzlich unruhig. Sie weckte ihre völlig übermüdete „Trekkinggruppe" und forderte alle Schläfer mitten in der Nacht auf weiterzugehen. Die taten es ohne Verständnis und hörten eine halbe Stunde später russische Bomber, die ihre tödliche Fracht auf den Danziger Schützenhof warfen.

In den nächsten Tagen fanden sie auf einem verlassenen Hof einen Handwagen und luden ihre Schlittenlast um. Es ging weiter, oft über Nebenwege, weil auf den festen Straßen Panzer rollten. Plötzlich waren Russen mitten unter ihnen, nahmen junge Mädchen an die Hand und führten sie wortlos weg. Meine Mutter war entsetzt und verstört. Sofort begann sie, die Mädchen ihrer Gruppe in zu große, hässliche Jacken zu stecken und deren junge Gesichter durch Schmutz von der Straße zu entstellen.

Meine Mutter hatte ja „nur noch" meinen Bruder, eine Schwester, die Oma und drei Neffen zu versorgen.

Es geschah ein Wunder: Beide Gruppen schlugen sich bis Hamburg durch und fanden dort wieder zusammen. Nur unser jüngstes „Trekkingmitglied", der kleine Arved, starb nach wenigen Wochen an den Folgen der Flucht.

Ich habe diese erste große Reise als kleiner Junge erlebt und erinnere mich, dass wir Kinder nie wirklich Angst hatten. Auch nicht vor den feindlichen Panzern und Flugzeugen. Krieg und Flucht waren damals normaler Alltag. Eine andere Zeit kannten wir ja gar nicht. Meine Mutter hat während unserer Flucht Tagebuch geführt und ihren ausführlichen Bericht mit einem Kant-Zitat beendet:

„Reich wird man nicht durch das, was man besitzt, sondern mehr noch durch das, was man mit Würde zu entbehren weiß. Es könnte sein, dass die Menschheit reicher wird, indem sie ärmer wird, und gewinnt, indem sie verliert."

Unsere Reise zum Dalai Lama (1982)

Wir treffen einen Gottkönig

Als der Dalai Lama 1959 vor den rotchinesischen Besatzern nach Indien floh, wollte er dort einen Appell an die Weltöffentlichkeit richten und die Vereinten Nationen um Hilfe bitten. Aber sein heuchlerischer Gastgeber, der indische Ministerpräsident Jawaharlal Nehru, hatte große Angst vor dem übermächtigen China. Er stellte dem tibetischen Flüchtling einen Bungalow zur Verfügung und schloss Seine Heiligkeit vor Journalisten und anderen Neugierigen weg. Der Dalai Lama war den Chinesen mit viel Glück entkommen, jetzt war er Nehrus „Gefangener".

Diesen Dalai Lama wollten wir in Dharamsala, seinem indischen Exilort in den Vorbergen des Himalaya, besuchen. Die deutsche Botschaft in Delhi hatte den Gesprächstermin organisiert und ich war stolz und voller Vorfreude. Tibet gehörte zu meinen Träumen und das Schicksal dieses hart geprüften Volkes war mir schon damals eine Herzensangelegenheit.

Der Termin hatte sich zwangsläufig ergeben. Ich kam von einer Vortragsreise, die mich sechs Wochen lang durch Australien geführt hatte, zurück und flog über Delhi heim. Renate kam mir aus Deutschland entgegen.

Natürlich hätte ich am Flughafen von Delhi brav dort warten können, wo alle Menschen warteten, wenn sie Fluggäste abholen. Aber ich war jung und frech und wollte Renate direkt an der Gangway auf dem Flugfeld überraschen. Da standen natürlich indische Beamte und stoppten mich.

„You have to wait outside! Inside you need a special permit!"

„Okay, I have that permit for inside. You want to see it?"

Die Inder wollten nicht, salutierten freundlich und ließen mich auf das Rollfeld. Zu groß war auch in diesem Fall ihr Respekt vor weißen Europäern. Sie wagten nicht, sich so ein Papier – das ich natürlich nicht hatte – zeigen zu lassen. Ich weiß nicht, ob Renates Respekt vor mir nach solchen Manövern gestiegen war. Ich denke, eher nicht, denn Renate würde nie irgendeinem Menschen Unwahrheiten sagen. So war sie schon von den Eltern und „ihrer" Sparkasse (in der Renate lange als Chefsekretärin gearbeitet hatte) erzogen worden.

Renate Weyer überreicht Seiner Heiligkeit das erste Tibet-Buch ihres Mannes.

Von Delhi bis nach Dharamsala sind es etwa 500 Kilometer. Der Linienbus brauchte für diese Strecke mindestens 12 Stunden. Mit einem Taxi sollte die Fahrt aber in 8 bis 9 Stunden zu schaffen sein – dachten wir. Über die Hotelrezeption holten wir Angebote ein. Ein junger Mann mit dem klangvollen Namen Sardar bekam den Zuschlag und strahlte. Aber, erzählte er uns, da er keine Straßenkarten lesen könne, müsse er seinen Freund Aditya mitnehmen. Nur so würden wir sicher und pünktlich Dharamsala erreichen.

Wir waren einverstanden und verabredeten unseren Start für den nächsten Morgen um 7 Uhr. Der Linienbus war schon um 6 Uhr abgefahren, sicher würden wir ihn bald überholen – dachten wir.

Sardar und Aditya kamen pünktlich und wir fuhren los gen Norden. Langsam, denn schnelles Fahren ist in Indien wegen der engen Straßen und des chaotischen Verkehrs gar nicht möglich. Sardar war ein guter Fahrer und vermutlich jünger als sein Auto. Er schien es gewohnt zu sein, Touristen durch Delhi und Umgebung zu fahren und erklärte uns jede Sehenswürdigkeit am Weg.

Immer wieder wollte er von der Straße abfahren, wenn es da interessante Dörfer, einen Staudamm oder sonst was gab. Auf unseren Einwand, wir wollten möglichst vor dem Linienbus in Dharamsala sein und früh schlafen gehen, damit wir morgen pünktlich und ausgeschlafen den Dalai Lama treffen können, hörten wir Sardars immer fröhliche Stimme sagen: „No problem, Madame." Dieser Satz wurde zur Standardantwort bei allen Fragen und Aussagen. Aditya begann erst zu sprechen, als wir etwa 100 Kilometer gefahren waren und Sardar sich nicht mehr auskannte.

Wir hatten gehofft, vor Einbruch der Dunkelheit an unser Ziel zu kommen, aber das war falsch gedacht. Gegen 20 Uhr erreichten wir erst Hoshiarpur, 110 Kilometer vor Dharamsala, und genau dort brach unser altehrwürdiges Auto zusammen. Hinten war eine Blattfeder gebrochen und das betreffende Rad scheuerte am Blech.

„No problem, Madame", kommentierte Sardar die Situation und ließ sich nicht aus der Ruhe bringen. Der Linienbus musste zu dieser Zeit längst Dharamsala erreicht haben. Wir hatten gedacht, unsere beiden Führer würden umgehend eine Werkstatt aufsuchen. Sie stoppten, fragten Passanten und fuhren zielsicher auf einen Hinterhof. Wir sahen dort weder eine Werkstatt noch einen Mechaniker. Aditya verschwand hinter einer Haustür und kam wenige Minuten später triumphierend mit einer Flasche Whiskey zurück: „Die brauchen wir, damit uns so spät am Abend noch jemand die gebrochene Feder schweißt oder ersetzt.“ Kurz darauf erreichten wir tatsächlich eine Art Werkstatt und die volle Flasche wirkte Wunder. Noch bevor zwei Männer an die Arbeit gingen, wies man Renate und mir zwei Bettgestelle zu, die draußen in der warmen Abendluft standen. Wir sollten darauf so lange ruhen, bis der Schaden behoben sein würde. Das war Service wie in der First Class einer guten Airline!

Eine Stunde später konnten wir – gut erholt – Hoshiarpur mit dem reparierten Auto verlassen. Die Straße wurde kurz vor Dharamsala steil, kurvig und sehr unwegsam. Aber wenige Minuten vor Mitternacht fuhren wir an Girlanden aus bunten tibetischen Gebetsfahnen vorbei und wussten: Jetzt sind wir angekommen.

„Fahrt direkt zum Hotel Bhagsu. Hoffentlich ist da noch jemand an der Rezeption.“

„No problem, Madame. Wenn da niemand mehr ist, werden wir sie wecken.“

Das Hotel war dunkel und an der Tür hing ein Schild: Occupied, no more rooms.

Das war ein langer Tag und nun war Mitternacht schon vorbei. Wir berieten uns kurz und schlugen unseren Begleitern vor, dass sie im Auto schlafen sollten, während wir uns in Schlafsäcken einfach auf den Hotelrasen direkt vor das stille Haus legen würden.

„No problem, Madame!“

Unsere beiden Inder schienen begeistert zu sein, weil wir die Situation so unkompliziert angingen. Auf dem Rasen war es nicht sonderlich bequem, aber wir hatten schon schlechter genächtigt. Ein Hund kam bellend herangestürmt und protestierte gegen die nächtlichen Eindringlinge. Wir beruhigten das Tier mit einem trockenen Brotknust. Daraufhin hob unser später Besucher ein Bein genau zwischen unserem Schlafplatz und der Hauswand, setzte dort seine persönliche Marke in das Gras und legte sich zufrieden neben unsere Füße. Jetzt hatten wir auch noch unsere eigene Leibwache.

Wir schliefen endlich ein, wurden aber schon zwei Stunden später durch ein sich öffnendes Fenster, das etwas knarrte, wieder geweckt. Unser Hund knurrte kurz und schlief dann weiter. Vorsichtig blinzelte ich aus meinem Schlafsack heraus und erkannte im schwachen Mondlicht einen Sikh, der sich mitten in der Nacht neugierig unser seltsames Lager unter seinem Hotelfenster ansah und nicht so recht wusste, was er davon halten sollte.

Ich grüßte mit einem leisen „Good morning, Sir“, um nicht andere Schläfer zu wecken, und erklärte dem Mann, warum wir hier lagen und nicht in einem Hotelzimmer.

„Okay, ich habe verstanden. Es tut mir leid, dass ihr kein Bett gefunden habt. Aber ich biete euch meins an. Wir räumen unser Zimmer in wenigen Minuten, ich muss sehr früh abreisen, nach Amritsar. An der Rezeption schläft ein Wächter, kommt also einfach hier durch das Fenster herein, dann könnt ihr in unserem Bett weiterschlafen – nur der Hund sollte besser draußen bleiben.

Wir überlegten nicht lange, warfen Schlafsäcke und Gepäck in das Zimmer und zogen um. Der freundliche Sikh hatte seine Frau und ein Kind dabei. Das fremde Bett war voller Kekskrümel, aber immer noch besser als ein nachtfeuchter, kalter Rasen als Unterlage. Und Dusche plus WC hatten wir jetzt auch. Zum Abschied lachte unser „Gastgeber“: „Denkt daran, das Zimmer ist bezahlt und das Frühstück auch. Ich wünsche euch einen schönen Tag beim Dalai Lama.“

Die Sonne weckte uns und wir sahen draußen Sardar und Aditya – zum ersten Mal ratlos – um das Hotel schleichen. Sie hatten schon in der Rezeption gefragt, aber dort wusste niemand etwas von deutschen Gästen – und der Hund war auch verschwunden.

Wir wollten mit dem Dalai Lama über Tibet und die Situation der Flüchtlinge hier in Dharamsala sprechen. Aber zunächst fragte der Mönch höflich, wie unsere Anreise war. Wir erzählten ihm die Geschichte unserer letzten Nacht und Seine Heiligkeit lachte so herzlich und erfrischend wie nur dieser Mann lachen kann.

Das Lachen des Dalai Lama ist wunderbar und ansteckend. Und es ist nicht nur für Seine Heiligkeit typisch, sondern für das gesamte leidgeprüfte Volk.

Tibeter wurden zu Tode geprügelt, gekreuzigt, lebendig verbrannt, ertränkt, erdrosselt, gehängt und enthauptet – aber ihr Lachen haben diese Menschen bei all den Grausamkeiten nicht verloren, und der Dalai Lama betont immer wieder, dass er keinen Hass gegen das chinesische

Volk fühlt. Diese Geisteshaltung macht den Mann so einzigartig in unserer wertearmen Welt.

Der Fernsehjournalist Franz Alt hat dem Dalai Lama einmal die Frage gestellt, was nach dem Tod komme. Der Gottkönig antworte prompt: „Wenn ich in die Hölle komme, werde ich auf jeden Fall sofort Urlaub beantragen, denn ich will unbedingt wissen, wie es auf der Erde (bei all den gegenwärtigen Krisen) weitergeht." Daraufhin prusteten beide vor Lachen – Franz Alt und Seine Heiligkeit.

Dem Dalai Lama folgten über 100.000 Flüchtlinge aus Tibet nach Indien ins Exil. Dieser Flüchtlingsstrom hält bis heute an. Zusammen mit dem Dalai Lama haben einige Tausend Tibeter in Dharamsala ein neues Zuhause gefunden.

Ich habe weit über tausend Diavorträge in der Welt präsentiert; in kleinen und großen Sälen, in Kirchen, auf Kreuzfahrtschiffen am Äquator und im ewigen Eis der Antarktis und auch als Open-Air-Veranstaltungen, mit kleiner und großer Technik. Aber zu meinen schönsten Präsentationen gehört ein Freilichtvortrag in Dharamsala.

Tibet wurde nach der chinesischen Besetzung für ausländische Besucher geschlossen und erst Anfang der Achtzigerjahre bedingt für organisierte Gruppen und dann 1985 auch für Individualreisende geöffnet. 1981 besuchte ich als einer der ersten westlichen Fotografen das geheimnisvolle Land, von dem ich so lange schon geträumt hatte, und brachte mehrere tausend Dias vom Dach der Welt mit. Die wollten natürlich auch alle tibetischen Flüchtlinge sehen, denn sie hatten ja keine Ahnung, wie es mittlerweile bei ihnen daheim aussah.

Renate und ich fuhren erneut nach Dharamsala, mit einem ganz einfachen und deshalb robusten Schiebeprojektor und etwa 200 Kleinbilddias im Gepäck. Die Exiltibeter waren begeistert und nahmen die Sache sofort und völlig unkompliziert in die Hand.

„Wir werden die Dias draußen auf der Straße zeigen und zwar im Zentrum unserer Ortschaft. Einen großen Saal haben wir nicht. Wir spannen da einfach zwei große Bettlaken, die wir aneinander nähen, zwischen die Häuser. Ihr bekommt einen Tisch mit einem Hocker für den Projektor und wir werden deinen Vortrag in unsere Sprache übersetzen."

„Aber wie wollt ihr für die Veranstaltung werben?"

„Das ist einfach: Wir malen zwei Plakate und hängen eins beim Busbahnhof auf und das andere vor die Residenz Seiner Heiligkeit."

Genau das taten wir am frühen Nachmittag, etwa sechs Stunden vor der geplanten Abendveranstaltung. Die rasch zusammengenähten Bettlaken ergaben eine fast vier Meter breite Projektionsfläche, die an Seilen wie ein Werbetransparent über die Hauptstraße gespannt wurde. Um 20 Uhr sollte der Vortrag beginnen. Schon zwei Stunden vorher kamen die Besucher in Scharen. Sie hatten Sitzkissen und Teppiche mitgebracht und hockten sich erwartungsvoll vor die improvisierte Leinwand. Für Autos war bald kein Durchkommen mehr und unsere Gastgeber gaben die parallel laufende Einbahnstraße an diesem Abend in beide Richtungen frei. Eine Stunde vor Beginn gab es absolut keinen Sitzplatz mehr vor der Leinwand, aber das störte die Neuankömmlinge nicht sehr. Sie setzten sich einfach hinter die Leinwand und sahen alle Bilder seitenverkehrt und etwas dunkler. Als es auch dort keine Plätze mehr gab, kletterten auffallend viele Mönche auf die Dächer der umliegenden Häuser. Später hörte ich, dass ihre Meditationszeiten im Kloster bis kurz vor Veranstaltungsbeginn gedauert hatten. Wir riefen den immer noch herbeiströmenden Besuchern über ein Megafon zu, dass es keine Sitzgelegenheiten mehr gäbe und dass wir den Vortrag wiederholen würden. Aber diese Menschen wollten ihr geliebtes Tibet heute sehen und nicht morgen.

Wir wissen nicht, wie viele Besucher an diesem Abend zu unserem Vortrag kamen. Wir schätzen 2.000 bis 3.000.

Auf der Leinwand erschien Lhasa und ich wollte eine englische Erklärung abgeben, die dann ins Tibetische übersetzt werden sollte. Aber beim Anblick des gewaltigen Potala plapperten alle Besucher laut durcheinander. Viele zeigten auf die Leinwand und sprachen ganz aufgeregt mit ihren Nachbarn. Was konnte ich, der fremde Fotograf, diesen Menschen auch sagen? Sie wussten ja alle viel mehr über Lhasa, den Potala und das Land Tibet als der Referent aus Deutschland.

Dann folgte das von den Chinesen völlig zerstörte Kloster Ganden – früher eine der größten Klosteruniversitäten in Tibet. Viele Zuschauer weinten, andere schimpften laut auf die verhassten Chinesen. Als dann das Bild des Dalai Lama auf der Leinwand erschien, standen die Menschen auf und verneigten sich in Ehrfurcht.

Nie werden wir diesen Diavortrag in Dharamsala vergessen! Es war eine Sternstunde in unserem Fotografen- und Referentenleben.

Am nächsten Morgen wiederholten wir die Bilderschau in der Sporthalle des SOS-Kinderdorfes. Als die Halle mit etwa 800 Kindern gefüllt war, die alle im Schneidersitz auf dem Fußboden saßen, kamen etwa zehn kräftige Männer herein, bildeten hinter den Kindern eine Kette und schoben die Jungen und Mädchen mit vereinter Kraft nach vorne. So entstand Platz für weitere Schulklassen, und als die alle saßen, wiederholte sich die Prozedur.

Zum Abschied haben wir dem Kinderdorf den Projektor und die Dias geschenkt – es waren alles Duplikate – wohl wissend, dass Tibeter damit noch viele Jahre lang durch Indien gezogen sind, von einem Flüchtlingslager zum nächsten.

„Das ist das Angenehme auf Reisen,
dass auch das Gewöhnliche durch
Neuheit und Überraschung das Ansehen
eines Abenteuers gewinnt.“

Johann Wolfgang von Goethe

Fips, der Trekkinghund (1986)

Die Weyers laufen zum Mount Everest

Der Gipfel des Mount Everest – in der Sherpasprache heißt der Berg Sagarmatha oder Chomolongma = Göttin-Mutter des Landes – wird immer nur den besten Höhenbergsteigern gehören. Den Berg, der den Endpunkt unserer Erde darstellt, besuchen und erleben können aber auch Nichtbergsteiger, wenn sie eine gute Trekkingkondition haben und keine Höhenprobleme kennen. Das Basislager in Nepal – es gibt ein zweites in Tibet, also auf der Nordseite des Mount Everest – liegt über 5.000 Meter hoch und ist das Ziel der beliebtesten Trekkingroute im gesamten Himalaya. Der klassische Anmarsch führte früher ab Kathmandu in rund 16 Tagen aus den tropischen Tälern bis hinauf zum eisigen Basislager auf dem Khumbu-Gletscher.

Diesen herrlichen und eindrucksvollen Weg ging ich 1971. Heute läuft ihn außer den dort lebenden Einheimischen fast niemand mehr, denn es gibt einen kleinen Feldflugplatz in Lukla, nur zwei Trekkingtage vom Hauptort des Sherpalandes Namche Bazar entfernt. Und von dort sind es dann nur noch fünf bis sechs Tagesmärsche bis zum Fuß des Mount Everest. Ein großer Nachteil dieser Kurzvariante ist die mangelnde Höhenakklimatisation, denn von Lukla aus geht es in nur vier Tagen in die kritische Viertausenderregion hinauf. Für viele Menschen beginnen da ernsthafte Höhenprobleme, die sogar zum Tod führen können.

Aber ich will in dieser Geschichte weniger vom Mount Everest erzählen, sondern vielmehr von Fips, dem Trekkinghund.

1986 waren wir mit einer Fotografengruppe vier Wochen lang in Tibet, am Mount Kailash. Die Tour verlief vorwiegend in Höhen um 5.000 Meter und deshalb waren wir anschließend bestens akklimatisiert. Obwohl die Trekkingsaison Ende Mai in Nepal zu Ende geht, weil die ersten Monsunwolken aus Indien kommend in die Bergwelt eindringen, wollte ich Renate unbedingt den höchsten Berg der Erde zeigen. Wir schickten unsere Gruppe von Kathmandu alleine nach Hause und flogen nach Lukla. In der kanadischen Twinotter waren 19 Plätze, aber mit uns nur vier Passagiere; ein Mann aus Lukla, unser Trekkingführer und wir beide. Auch während der folgenden Trekkingtour blieben wir alleine. Normalerweise laufen auf dieser Route ganze Heerscharen aus aller Welt, aber der

Auf dem Flugfeld Lukla schließt sich dieser kleine Hund den Weyers an und läuft bis 5.500 Meter Höhe mit.

Monsun war bereits im Anmarsch. Während sich unser Sherpaführer Ang Tsering in Lukla um Träger bemühte und die Lasten zusammenstellte, aßen wir eine Kleinigkeit aus unseren Rucksäcken.

Wir hockten da im Schatten einer Mauer und schoben Wurstbrote in uns hinein. In diesem Moment kam ein kleiner schwarzweißer Hund schwanzwedelnd um eine Hausecke und schaute uns aus seinen großen bernsteinfarbenen Augen fragend an, sodass wir gar nicht anders konnten, als unseren Lunch mit ihm zu teilen. Renate gab dem Hund spontan den Namen Fips. Der Hund hatte ein auffallend glänzendes Fell und schien zu ahnen, dass wir uns zum Abmarsch bereit machten.

Stolz trabte er durch die kleine Ortschaft, hob hier und da sein Bein und schien sich von allen Hundefreunden zu verabschieden. Wie selbstverständlich lief er dann mit uns zusammen los, das gebogene Schwänzchen fröhlich und keck nach oben geschwungen. Nur bei Flussüberquerungen schien Fips der Mut ein wenig zu verlassen, und er schaute uns jedes Mal fast vorwurfsvoll an, sprang dann aber doch mehr oder weniger geschickt von Stein zu Stein, immer bedacht, sich keine nassen Pfoten zu holen.

Die erste Nacht in dem winzigen Dorf Phakding verbrachten wir in einer einfachen Holzhütte auf Pritschen. Fips sah Renate lange an und verstand sehr gut, dass er unten auf der Erde zu schlafen hatte. Natürlich lag er am nächsten Morgen trotzdem oben auf dem Bett am Fußende von Renates Schlafsack. Fips hatte nur geduldig gewartet, bis wir endlich eingeschlafen waren. Aber schließlich fand Fips seinen festen Schlafplatz bei uns im Vorzelt, aus dem er jede Nacht ein paar Mal laut bellend hinausschoss, um andere Hunde zu vertreiben oder um Hündinnen wohlwollend zu begrüßen.

Für Sherpas sind Hunde ungewollte zusätzliche Esser und deshalb werden sie in der Regel mit Steinen von den Lagerplätzen vertrieben. So stieß auch Fips bei unseren Führern und Trägern zunächst auf Unverständnis und musste sich manchen harten Stein und manchen Schlag gefallen lassen. Dennoch gefiel Fips das Everest-Trekking sehr, und morgens tobte er mit uns so doll, dass ich mir ernste Gedanken um das kleine Hundeherz in der extremen Höhe machte. Beim Fressen wurde Fips immer wählerischer und anspruchsvoller. Bald schon verschmähte er gekochte Kartoffeln und verlangte energisch nach Fleischbrocken. Ich schimpfte mit unserem vierbeinigen Freund und warf die liegengelassenen Kartoffeln den wartenden Krähen hin. Das war zu viel! Fips hetzte hinterher, verjagte die schwarzen Vögel und verschlang gierig die Kartoffeln. Nach diesem Vorfall duldete Fips keine Krähen mehr in unserem Lager.

Je mehr wir mit Fips spielten und tobten, desto mehr änderten auch unsere Sherpafreunde ihr Verhalten gegenüber dem Hund. Sie begannen, ihn gern zu haben, und schließlich verwöhnte die ganze Küchenmannschaft Fips regelmäßig mit Köstlichkeiten. Fips gehörte jetzt zu unserer Gruppe!

Beim Wandern wich er uns nicht mehr von den Fersen, und in den Lagern wartete er hundemüde auf das Aufstellen des Zeltes, um dann sofort seinen Platz einzunehmen. Es war ja Vormonsunzeit. Die Vormittage waren meistens sonnig und klar, am Nachmittag begann es oft zu schneien. Nie zuvor hatte ich den Himalaya – durch die abgeregnete Luft – so klar und so sauber gesehen wie in diesen ersten Monsunwochen. Für den Fotografen ist diese Zeit ein richtiges Geschenk.

Je weiter und höher wir stiegen, desto fragender wurden die Blicke von Fips. Schließlich kletterten wir von Gorak Shep aus auf den 5.545 Meter hohen Aussichtsberg Kala Pattar (schwarzer Felsen), von dem aus man den schönsten Blick auf den Mount Everest hat. Besonders eindrucksvoll ist der Gipfel von dort bei Sonnenuntergang. Everest, Lhotse und Nuptse färben sich dann langsam rot, bevor die Nacht sehr plötzlich und schnell hereinbricht. Wir kletterten zu dritt: Renate, ich und Fips. Der Everest war gar nicht zu sehen, graue Wolken verhinderten den Blick auf seinen Gipfel. Ich hatte mein großes Fotostativ und die verhältnismäßig schwere Rolleiflex hinaufgetragen und wollte nicht aufgeben. Ich wartete. Feuchte Kälte kroch uns in die Kleidung und Fips vermutlich ins Fell. Ob der Hund in seinem Leben schon jemals so hoch gewesen war?

Fips schaute uns richtig vorwurfsvoll an und schien zu fragen:

„Was soll das hier? Wollt ihr immer noch höher?“

Auf jeden Fall war Fips dankbar für Renates Entscheidung, mit ihm zusammen abzusteigen. Aber an diesem Spätnachmittag wollte Fips partout nichts von seinem gemütlichen Vorzelt wissen. Er saß unruhig jaulend vor unserer Unterkunft und starrte unentwegt hinauf zum Kala Pattar.

Kurz vor Sonnenuntergang hatte ich Glück: Starker Wind räumte alle Wolken vom Everest fort und der Gipfel der Welt strahlte im letzten Tageslicht so großartig klar und sauber, wie ich ihn nie zuvor gesehen hatte. Ich belichtete mehrere Filme.

Zufrieden packte ich dann meine Kameraausrüstung zusammen, schaltete die Stirnlampe ein und begann den steilen Abstieg nach Gorak Shep hinunter. Dunkelheit um mich herum, aber Renate hatte eine Lampe an den Zeltgiebel gehängt. Ich sah das Licht und rief so laut ich nur konnte hinunter:

„Ich komme!“

In diesem Moment stürmte Fips wie von Sinnen los und hechelte den steinigen Hang hinauf. Als er mit mir zusammentraf, warf er mich vor Begeisterung fast um und schleckte mir quer über das kalte Gesicht.

Einige Tage später erreichten wir Lukla und Fips wollte wie selbstverständlich mit in das Flugzeug steigen. Ein Soldat hielt ihn mit dem Gewehrkolben zurück. Aus Renates Augen kullerten Tränen und Fips verstand die Welt nicht mehr. Und wir nicht mehr unsere Sherpafreunde. Vor zwei Wochen brachten sie keinerlei Verständnis dafür auf, dass wir einen Hund mitnahmen, ihn gern hatten und mit dem Tier unseren Proviant teilten. Aber sie erkannten täglich mehr, wie viel Spaß wir mit Fips hatten – vielleicht wurden sie sogar in irgendeiner Weise eifersüchtig auf diesen Spaß, den sie nicht hatten, aber wohl gerne hätten. Täglich verwöhnten sie nun selbst das Tier mehr und immer mehr, und am letzten Tag in Lukla nahm unser Koch Fips auf den Arm, liebkoste den Hund und versprach, ihm ein neues und gutes Zuhause zu geben. Wir glaubten ihm.

Die gefährlichste aller
Weltanschauungen ist die der Leute,
welche die Welt nicht angesehen haben.“

Alexander von Humboldt

Wo sind Phips und Susan? (1987)

Ärger mit chinesischen Grenzsoldaten

Reisen mit Hindernissen können trotzdem wunderschön sein. So war es auch 1987. Wir wollten ein Experiment wagen und das nördliche Basislager des Mount Everest nicht – wie in Tibet üblich – mit Geländeautos oder LKWs erreichen, sondern mit einer traditionellen Yakkarawane. So eine Tour hatte es bis dahin noch nicht gegeben und die deutsche Trekking-Branche erwarte mit Spannung unsere Rückkehr und meinen Bericht.

Als Sirdar hatte ich Sangya Dorje Sherpa aus Kathmandu angeheuert. Ein Sirdar ist der Sherpaführer, verantwortlich für Träger, Küche und Lagerplätze. Und in diesem speziellen Fall sollte er sich auch um die Anmietung der Yaks kümmern. Wir kannten uns von einer Kailash-Tour und ich wußte um Sangyas Führerqualitäten. Außerdem freute ich mich richtig auf ein Wiedersehen mit diesem guten Freund und seinem Sherpateam im Himalaya. Als wir wenige Jahre zuvor gemeinsam in Westtibet unterwegs waren, fuhren Sangya, Renate und ich in einem Geländewagen und wenn wir hielten, um zu fotografieren, schickte ich sehr oft Renate zum Auto und bat sie, mein Stativ zu holen. Nach einer Woche fragte mich Sangya abends am Lagerfeuer:

„Sag mal Helfried, übersetz mir mal den Satz ‚Schatz Stativ', das sagst du hundertmal am Tag zu Renate."

Nach der Übersetzung haben wir kräftig gelacht und Sangya meinte nur, dass er in Zukunft diesen Job übernehmen könne. Kein Volk auf Erden ist wohl servicefreundlicher als die Sherpas! Das ist auch ein Grund für die große Beliebtheit von Trekkingtouren im Himalaya.

Aber wir beide, Sangya und ich, wussten auch aus eigener Erfahrung, dass es in Tibet mit Sicherheit Reibereien mit den Chinesen geben würde. Chinesische Reiseleiter und Fahrer, die uns von der chinesischen Regierung zugewiesen wurden, erkannten immer schon am ersten Tag, dass westliche Besucher nur kamen, weil sie sich für Tibet und die Tibeter interessierten und die chinesische Besetzung scharf verurteilten. Deshalb waren Komplikationen auf jeder Reise vorprogrammiert. Das wussten auch unsere Teilnehmer, die wir diesbezüglich informierten.

1984 waren wir mit einem Militär-LKW zum Mount Everest gefahren

Der Mount Everest am Abend – 8.848 Meter hoch –
vom tibetischen Basislager im Norden aus fotografiert.

und hörten von unserem Reiseleiter – er kam aus dem Postministerium und sprach gut deutsch – täglich chinesische Propaganda. Am letzten Tag brachte er uns zum Flughafen von Lhasa und verabschiedete sich unter Tränen:

„Alles, was ich unterwegs erzählt habe, stimmt nicht. Aber ich musste das so sagen. Kommt wieder und bringt mir einen deutschen Pass mit, damit ich dieses grausame und verlogene China endlich verlassen kann!"

Auf der Straße von Kathmandu nach Lhasa fährt man in Kodari an die Grenze, überquert dann die sogenannte Freundschaftsbrücke über den Bhote Kosi und erreicht die erste tibetische Ortschaft Zhangmu. Kodari liegt 1.750 Meter hoch und Zhangmu 2.350 Meter. Zwischen beiden Orten liegen also 600 Höhenmeter. Von Kodari bis nach Zhangmu sind es acht Kilometer, und genau in diesem Abschnitt war 1987 die Straße durch einen Erdrutsch unterbrochen. Träger standen aber unten in Kodari und oben in Zhangmu bereit, um Reisenden in beiden Richtungen bei ihrem Gepäcktransport zu helfen.

Unten in Kodari verließen wir unseren Bus aus Kathmandu und wanderten mit Sangya Dorje und seiner Sherpamannschaft knappe zwei Stunden lang den verschütteten Hang hinauf nach Zhangmu. Dort erwarteten uns Chinesen mit Geländewagen und einem LKW für das Gepäck: dazu gehörten unsere Seesäcke, Zelte und Proviant.

Der chinesische Reiseleiter begrüßte mich freundlich und erklärte, dass die deutsche Gruppe willkommen sei, sie aber unsere Sherpamannschaft nicht akzeptieren können.

„In Tibet hat sich manches verändert. Wir haben inzwischen gelernt und können jetzt selber Gruppen führen, für sie Zelte aufbauen und auch kochen. Dafür brauchen wir keine Sherpas mehr aus Nepal. Bitte schicken Sie die gesamte Mannschaft zurück, einschließlich des Sirdar!"

„Das werde ich nicht tun. Entweder wir reisen alle zusammen ein oder niemand! Ich habe den Scheck für euch in der Tasche, ausgestellt über 30.000 Dollar. Den bekommt ihr, wenn wir einschließlich unserer Sherpamannschaft einreisen dürfen."

Unser chinesischer Begleiter diskutierte nicht lange, sondern begann mit seiner vorgesetzten Dienststelle zu telefonieren. Das dauerte eine Stunde lang, dann erschien er wieder, lächelte und sagte nur: „Wir werden eine Ausnahme machen: Die Sherpas aus Nepal können einreisen."

So ging das damals, und mit diesem Verhalten war die Spaltung zwischen den chinesischen Führern und den westlichen Touristen und ihrer Sherpamannschaft schon wieder vorprogrammiert.

Wir wurden in Geländeautos verfrachtet und fuhren nach Tingri. Von dort wollten wir mit Yaks zum Everest laufen. Sangya blieb bei unserem Gepäck und wollte dann mit einem chinesischen LKW nachkommen – aber er kam, zumindest an diesem Tag, nicht.

Tingri ist eine tibetische Karawanserei am nördlichen Ende der uralten Handelsroute von Namche Bazar in Nepal über den 5.716 Meter hohen Nangpa-La-Pass nach Tibet hinein, mit einem spektakulären Ausblick auf gleich zwei Achttausender: Mount Everest und Cho Oyu.

Wir erreichten Tingri am späten Nachmittag und warteten dort auf den LKW. Er hätte uns eigentlich überholen müssen, denn wir hatten unterwegs oft angehalten, um zu fotografieren. Jetzt versank die Sonne langsam hinter dem Horizont und wir brauchten unsere Zelte und das Gepäck. Hungrig waren wir auch. Es wurde schnell dunkel und kalt und von Sangya fehlte jede Spur.

In einer winzigen Teestube bekamen wir ein bescheidenes Abendessen. Immerhin war es dort warm und windgeschützt, das war schon mal ein großer Luxus. Als Sangya gegen 22 Uhr noch immer nicht da war, ging ich mit dem tibetischen Teestubenbesitzer von Haus zu Haus und fragte nach einem Nachtquartier. Eine Familie konnte einen Gast beherbergen, eine andere zwei oder gar drei. In kurzer Zeit hatte ich meine 14 Leute auf den Ort verteilt und fand selbst auch noch ein Lager.

Aber wo war Sangya geblieben? Bei einer LKW-Panne hätte er sicher eine Nachricht mit dem nächsten Fahrzeug nach Tingri geschickt.

Mitten in der Nacht, es war gegen 2 Uhr, wurde ich durch Motorengeräusche geweckt und Minuten später hörte ich Sangya meinen Namen rufen. Ich stürzte hinaus und mir fiel ein Stein vom Herzen. Da stand unser Lastwagen mit allem Gepäck mitten auf dem Hauptplatz von Tingri.

Was war da passiert? Damals waren organisierte Reisegruppen in Tibet willkommen, weil sie westliche Devisen nach China brachten, nicht aber Einzelreisende, die auf eigene Faust unterwegs waren. Und genau so ein Einzelreisender aus den USA hatte sich bis Zhangmu durchgeschlagen und Sangya nach einer Fahrgelegenheit in Richtung Lhasa gefragt. Der immer hilfsbereite Sangya hatte diesem Mann einen Platz oben auf dem Gepäck angeboten – bis Tingri.

Bei Nyalam, 33 Kilometer nördlich von Zhangmu, wurde der LKW von einer Polizei- oder Militärstreife gestoppt und aufgefordert, zur Grenze zurückzufahren. Dort musste Sangya seinen amerikanischen Passagier abgeben und 100 Dollar Strafe bezahlen. Nach einem langen Verhör durfte er die Fahrt nach Tingri wieder antreten. In Tibet erlebt der Reisende immer etwas, langweilig ist es da nie!

Ich ließ meine Gruppe schlafen und am nächsten Morgen bauten wir ein Lager auf. Sangya war damit beschäftigt, etwa 40 Yaks für unsere Tour anzuheuern, und wir Fotografen fanden so viele Motive, dass der Tag viel zu kurz war.

Zu meinen Teilnehmern gehörten auch ein Mann, den wir seit vielen Jahren und vielen Reisen nur Phips nannten, und seine Frau Susan. Die beiden waren Ärzte aus Bonn.

Am Abend bummelte ich mit Phips durch den Ort und wunderte mich über seine Schweigsamkeit. So kannte ich den immer aktiven Fotografen und Erzähler gar nicht. In der Nacht begann Phips stark zu husten und am Morgen kam ein leichtes Röcheln dazu. Unser Arzt war schwer höhenkrank und wusste wie ich: Das bedeutet hier oben in Tingri auf 4.000 Metern Lebensgefahr. Wir konnten keine weitere Nacht riskieren und außerdem wollten wir Tingri an diesem Tag verlassen. Phips musste so schnell wie möglich runter, zurück nach Kathmandu. Seine Frau Susan, ebenfalls Ärztin, wollte ihn begleiten.

Für Tibet hatten wir ein Gruppenvisum, das an der Grenze in Zhangmu lag. Aber in meiner Tasche hatte ich etliche Kopien. Eine davon drückte ich Susan in die Hand und sagte ihr, dass sie beim Grenzbeamten unbedingt darauf bestehen soll, dass ihre beiden Namen aus dem Original gestrichen werden. Das sei wichtig.

Wir verabschiedeten unseren blassen Phips und auch Susan, unser chinesischer Führer ließ durch den Polizeiposten von Tingri einen LKW stoppen, der Richtung Grenze fuhr, und wir alle atmeten auf. Phips war unterwegs in die Sicherheit, denn die Höhenkrankheit verschwindet normalerweise schnell in tieferen Lagen. Die Straße von Tingri blieb allerdings noch knappe 100 Kilometer auf einer Höhe von 4.000 Metern, dann stieg sie sogar noch einmal bis auf 5.000 Meter auf den Lalung-

La-Pass und fiel dann schnell hinunter bis Zhangmu. Dort, das wussten wir, würde Phips aus der Gefahrenzone heraus sein.

Wir zogen mit unserer Yakkarawane los Richtung Everest und erlebten unvergessliche Wochen zusammen mit den vielen Tragtieren, ihren immer fröhlichen Treibern und unserer erfahrenen Sherpa-Crew. Ich trug meinen Kamerakoffer auf einem Traggestell und Sangya mein Stativ, mit dem er immer sofort zur Stelle war, wenn ich meine Last absetzte.

Als wir dann nach einer großartigen Pionierreise wieder Zhangmu erreichten, freuten wir uns auf die erste Dusche am Abend in Kathmandu. Wir alle liebten Tibet, aber nach drei oder vier Wochen möchte dann jeder wieder in frischer Wäsche in ein bezogenes Bett steigen und ein wenig im Luxus schwelgen. Auch unsere Sherpa-Freunde freuten sich auf ein Wiedersehen mit ihren Frauen und Kindern. So und nicht anders ist das bei allen Touren in die Wildnis.

Aber da war ja noch die Grenze, und dort stolperte ein chinesischer Beamter über unser Gruppenvisum.

„Hier sind 15 Personen eingetragen, ich zähle aber nur 13 und Sie haben mir auch nur 13 Pässe gegeben. Wo sind die beiden fehlenden Herr und Frau Philips?“

Unser chinesischer Führer war längst in Richtung Lhasa unterwegs und konnte nicht mehr vermitteln.

„Die beiden fehlenden Personen haben vor zwei Wochen genau hier die Grenze passiert, weil der Mann in Tingri höhenkrank wurde.“

„Ich finde in meinen Büchern aber keinen Eintrag. So kann Ihre Gruppe die Grenze nicht passieren.“

„Okay, wir werden warten, bis Sie die beiden gefunden haben. Sie sind ja hier und nirgendwo anders über die Grenze gegangen.“

Der Beamte schickte zwei Wachsoldaten fort, die auf einer anderen Dienststelle nach Phips und Susan forschen sollten. Nach einer quälenden Stunde kamen die beiden ohne Ergebnis zurück. Sie hatten angeblich Listen und Bücher geprüft und auch weitere Beamte befragt.

Die Sonne war inzwischen höher gestiegen und es wurde in dem kleinen Grenzhäuschen heiß und unangenehm. Wir mussten ja noch eine gute Stunde durch den Erdrutsch nach Kodari hinunterklettern und ich fing an, auf das chinesische System zu schimpfen.

„Die Schuld liegt bei euch. Ihr habt die beiden Touristen aus dem Gruppenvisum nicht erfasst. Ich habe euch das Visum vor zwei Wochen hier auf den Tisch gelegt. Jetzt lasst ihr meine gesamte Gruppe in der heißen Sonne warten, das ist keine Gastfreundschaft!"

Die Miene des Grenzsoldaten verfinsterte sich. Sangya ermahnte mich, Ruhe zu bewahren. Die Dusche am Abend rückte in weite Ferne.

„Ich frage Sie noch einmal: Wo sind die beiden Personen mit dem Namen Philips?"

„Sie sind in Kathmandu. Sie haben hier die Grenze passiert, vor zwei Wochen. Der Mann war höhenkrank – und jetzt geben Sie mir bitte die Pässe zurück und lassen uns passieren!"

„Hier sind die Pässe, suchen Sie Ihren heraus und geben Sie ihn mir zurück."

Das tat ich, und der Grenzer fuhr barsch und sichtlich verärgert fort:

„Ihre Gruppe kann China (er sagte nicht Tibet) verlassen und absteigen. Sie werden hierbleiben, bis wir die beiden gefunden haben."

Sangya stand auf und trat zu mir:

„Helfried, es ist gut wenn die Gruppe geht. Unten wartet der Bus. Meine Sherpas werden mitgehen. Ich bleibe bei dir, bis wir zusammen freigelassen werden."

„Das hört sich gut an. Ich ärgere mich nur, dass ich den Scheck abgegeben habe. Ich hätte ihn bis heute als Pfand behalten sollen!"

Die Sonne hatte ihren Zenit erreicht und in der größten Tageshitze brach unsere Karawane auf; 12 Touristen und doppelt so viele Träger und Sherpas. Unser Grenzsoldat verschwand in einem Nebengebäude und ließ mich zusammen mit Sangya sitzen. Als die Hitze unerträglich wurde, stand ich auf, nahm meinen Stuhl in die Hand und sagte zu Sangya, dass ich draußen im Schatten warten würde. Das tat ich, weiter nichts. Nach etwa einer halben Stunde kam der Grenzsoldat zurück, riss seine Maschinenpistole von der Schulter und schob mir den Lauf vor die Brust.

„Wer hat Ihnen erlaubt, den Raum zu verlassen?"

Der Mann herrschte mich an wie einen Schwerverbrecher.

„Gehen Sie zurück an Ihren Platz, wo Sie vorher waren!"

Ich stolperte erschrocken zurück in den heißen Wachraum. Sangya saß immer noch dort. Er stand auf und bot mir seinen Platz an. Da fuchtelte der Chinese erneut mit seiner Waffe vor meinem Gesicht herum und schrie:

„Gehen Sie raus, holen Sie den Stuhl zurück. Niemand hat Ihnen erlaubt, diesen Stuhl zu entfernen. Reizen Sie mich nicht weiter und tun Sie nur noch das, war ich Ihnen sage!"

Wir hatten verstanden und die Hitze vergessen, die jetzt am Nachmittag immer größer wurde. Nach langer Wartezeit erschien ein Beamter, den wir noch nicht kannten. Er wollte noch einmal wissen, wo Phips und seine Frau waren, warum sie im Visum standen und wann sie die Grenze passiert hatten.

Ich erklärte den Sachverhalt erneut und bemühte mich dabei, ruhig und gelassen zu bleiben. Der Beamte hörte zu, griff in seine Tasche, zog meinen Pass raus, drückte einen Stempel hinein und gab ihn mir.

„Hauen Sie beide ab – und auf Wiedersehen!"

Der Mann hatte plötzlich ganz ruhig und normal gesprochen.

Zusammen mit zwei Trägern sprangen wir im schwindenden Tageslicht den Hang hinunter.

„Helfried, war das deine letzte Tibetreise?"

„Nein, Sangya, ich liebe dieses Land und ich werde wiederkommen. Diese chinesischen Grenzer sind eben so und nicht anders erzogen – von ihrem System. Aber die sehen wir doch nur bei der Einreise und dann noch einmal bei der Ausreise und zwischendurch nicht. Schau, dort unten wartet der Bus, unsere Leute winken. Sie sind nicht ohne uns abgefahren."

Um Mitternacht erreichten wir endlich die Duschen in meinem Lieblingshotel „Yak and Yeti" in Kathmandu. Dort trafen wir auch Phips und Susan. Beide waren gesund und hatten ähnlich viel zu erzählen wie wir.

Einer der glücklichsten Momente
im Leben eines Menschen
scheint mir der Aufbruch zu einer Reise
in unbekannte Länder zu sein."

Sir Richard Burton

„Antarctica welcomes you“ (1988)

Flug in die Antarktis

Fünfzehn Jahre lang habe ich Diavorträge im Kleinbildformat gezeigt und dabei das bis heute bestehende Markenzeichen LEICAVISION erfunden und geprägt. 1984 wollten Renate und ich uns „vergrößern“ und fotografierten erstmals Island im Mittelformat 6/6 cm. Für die Projektion auf bis zu 100 Quadratmeter große Panoramawände setzten wir sechs 400 Watt starke Götschmann-Projektoren ein. Das war damals eine richtige Revolution in der Vortragsszene. So große und so helle Projektionsbilder hatte man in dieser Qualität noch nicht gesehen.

Zu unserer Island-Premiere in Braunfels bei Wetzlar kamen verschiedene Mitarbeiter von internationalen Fluggesellschaften und Fremdenverkehrsämtern aus Frankfurt. Unter ihnen war auch Gabriela de Schieber von der Aerolineas Argentinas.

Nach der Veranstaltung sagte die junge Argentinierin: „So etwas Tolles brauchen wir auch über unser Land. Sagen Sie mir, was das wohl kostet.“

„Wir waren noch nie in Argentinien und wissen nur, dass Buenos Aires die Hauptstadt ist und dass man dort Tango tanzt, im Norden ein großer Wasserfall liegt und im Süden Feuerland. Ach ja, im Westen erheben sich die Anden mit dem höchsten Berg Amerikas und dazwischen ist Pampa mit Rindern und Gauchos.“

Gabriela lachte und meinte, das sei gar nicht so schlecht für den Anfang. Aber, so fuhr sie fort, wir haben noch weit mehr zu bieten, bis hinunter in die Antarktis.

Diese Antwort elektrisierte mich. Die Antarktis war mein großer Traum, aber Reisen dorthin lagen damals im Preisniveau weit über unseren Möglichkeiten. Nur, dass die Antarktis – oder Teile von ihr – zu Argentinien gehören, das war mir neu. Natürlich hüteten wir uns vor einer Diskussion über dieses Thema.

„Ihr Land muss uns nur einladen, dann kommen wir und fotografieren es und später können wir Argentinien mit der gleichen Technik zeigen wie heute Island. Abgesehen von der Reise mit allen Spesen kostet das nichts. So einfach ist die Sache.“

Nach nur einer Woche meldete sich Gabriela de Schieber am Telefon und teilte uns kurz und bündig mit, dass ihr Fremdenverkehrsamt und

Die Weyers besuchen die Hütte von Robert Falcon Scott am Kap Evans, die noch heute genauso dasteht, wie sie der Engländer vor seinem tragisch endenden Marsch zum Südpol 1911 verlassen hat.

auch ihre Airline begeistert zugestimmt haben. Jetzt gelte es nur noch, einen Termin zu finden.

1987 flogen wir nach Argentinien und waren von dem riesigen Land begeistert und beeindruckt. Da gab es nicht nur Traumlandschaften, sondern auch sehr viel Geschichte und Kultur, die eng mit Europa verknüpft war. Das waren ideale Bedingungen für ein Buchprojekt und für einen neuen Diavortrag.

Ein Jahr später folgte die zweite Reise mit einem Abstecher nach Antarctica. Ich war meinem Traumziel einen großen Schritt näher gekommen und hatte auch Renate für diese kälteste Ecke der Welt begeistern können. In Argentinien betreute uns Jorge Victor de Elia, ein junger und sehr kompetenter Mitarbeiter des Secretaria de Turismo. Jorge war verantwortlich für die Öffentlichkeitsarbeit. Mit ihm planten wir die einzelnen Fototage und jede Reise im Land mit Flugzeug, Helikopter, Auto oder auch zu Fuß – so auch unseren Flug nach Marambio.

„Jorge, wo in aller Welt liegt Marambio?“

„Das ist eine unserer wissenschaftlichen Stationen in der Antarktis. Sie ist nach einem berühmten Piloten benannt, der als einer der ersten Pioniere den Kontinent Antarktia überflogen hat. Sein Name lautet Gustavo Argentino Marambio. Bevor die Station 1969 gegründet wurde, bauten unsere Leute dort den ersten Flugplatz in der Antarktis. Selbst die NASA und auch das deutsche Max-Planck-Institut haben Marambio bereits für eigene Forschungen genutzt.“

Ich unterbrach Jorges Redefluss:

„Du bist sehr gut informiert. Woher weißt du das alles?“

Jorge lacht:

„Hab‘ mich gestern schlau gemacht, als ich euren Antarktisflug mit der Luftwaffe besprochen habe. Marambio ist unsere einzige Station in Antarctica mit einer Landepiste. Ihr müsst wissen, dass wir – wie alle anderen Anrainerstaaten auch – glauben, Anrecht auf einen Teil der Antarktis zu haben. Das sehen wir so: Man zieht an der breitesten Stelle von Argentinien eine Linie von Ost nach West. Die Endpunkte verbindet man mit dem Südpol. So entsteht ein dreieckiges Tortenstück, das mit seiner Spitze in die Antarktis hinein ragt. Das Territorium dieses Dreiecks rechnen wir zu Argentinien. Und wir würden uns freuen, wenn ihr auch dort fotografiert und die Bilder in Buch und Vortrag einbaut. Ich habe alles vorbereitet und den Base-Comandante Moncada in Marambio informiert. Er wird eure Arbeit wohlwollend unterstützen. Zunächst fahrt ihr aber hier in Buenos Aires zum Luftwaffenstützpunkt, dort bekommt ihr in der Kleiderkammer Polarausrüstung und ein Briefing. Noch Fragen?"

Nein, wir hatten keine Fragen mehr und machten uns auf den Weg. Im Stützpunkt fanden wir sehr schnell das zuständige Büro und saßen einem verblüfft dreinschauenden Offizier gegenüber.

„Oh, das Secretaria de Turismo hat uns nicht mitgeteilt, dass es sich bei den angekündigten Fotografen um ein Ehepaar handelt. Das wird Probleme geben. Ich glaube nicht, dass wir eine Frau in der Militärmaschine mitnehmen können. Es tut mir sehr leid, aber Sie, Herr Weyer, werden alleine reisen müssen."

„Wie bitte? Warum in aller Welt können Sie meine Frau nicht mitnehmen?"

„Sie müssen wissen, wir fliegen nicht mit Zivilflugzeugen in die Antarktis, sondern mit einer großen Hercules. Das ist ein sehr unbequemes Frachtflugzeug und es wird mindestens acht Stunden in der Luft sein. In diesem Flugzeug gibt es keine Toilette, sondern nur einen Eimer für den Notfall – und das ist einer Frau einfach nicht zuzumuten. Entschuldigen Sie, wenn ich das so deutlich gesagt habe."

Diese Auskunft schien dem Offizier peinlich zu sein, doch wir wussten längst, dass Argentinier ein anderes Frauenbild haben als wir Deutschen. Eine Frau ist zum Vorzeigen da, zum Flanieren in den schönen Geschäftsstraßen und zur Unterhaltung der Männer, nicht aber zum selbstständigen Arbeiten und schon gar nicht für die Gesellschaft in einem Militärflugzeug und auf einer antarktischen Männerbasis.

Ich versuchte freundlich zu bleiben und zu lächeln:

„Okay, ich verstehe. Aber ich kann Ihnen sagen, dass meine Frau mit arabischen Kamelkarawanen durch die Wüste gezogen ist, mit schwarzen Trägern hat sie den Kilimanjaro bestiegen und auf dem Weg zum Mount Everest hat sie in chinesischen Kasernen übernachtet. Ein Eimer als Toilette ist da gar kein Problem. Machen Sie bitte eine Ausnahme. Wir werden ein Buch über Argentinien schreiben und darin erwähnen, wie flexibel und großzügig die Luftwaffe ist."

Der durchaus freundliche Offizier hörte zu, griff dann zum Telefon und besprach sich mit einer anderen Dienststelle. Während des Gesprächs hellte sich sein Gesicht auf, sodass wir sehr optimistisch wurden und damit auch Recht behielten.

„Ihre Geschichte hat mich überzeugt. Wir werden Ihre Frau mitfliegen lassen – aber bitte klagen Sie später nicht über mangelnden Komfort. Eine Dame sollte wirklich nicht mit Karawanen durch die staubige und heiße Wüste reisen.“

Nach diesem Gespräch schickte man uns in die Kleiderkammer, wo wir spezielle Thermoanzüge erhielten. Deren Reißverschlüsse waren so angesetzt, dass Renate ohne große Probleme in einen Eimer würde pinkeln können. Wir waren zufrieden. Zu unserer Ausrüstung gehörten auch Handschuhe, Fellkappen, Schuhe mit Filzeinlagen und schließlich Ohrstöpsel für das Innere des lauten Flugzeugs.

Jorge lachte am Abend über unsere Geschichte und meinte:

„Das habe ich mir genau so gedacht. Im Notfall hätte ich aber noch höhere Dienststellen auf meinem Zettel gehabt.“

Schon einen Tag später standen wir gut verpackt auf dem Militärflugplatz und bestiegen zusammen mit einer Handvoll Wissenschaftlern und ebenso vielen Soldaten die riesige Hercules. Das Transportflugzeug hatte vor allem Fracht geladen und wir fanden einfache Bänke aus Leinengeflecht, auf denen man sich, quer zur Flugrichtung sitzend, anschnallen konnte. Als die Propellermotoren angeworfen wurden, brach ein Höllenlärm los. An eine Unterhaltung war nicht mehr zu denken. Wir drückten uns die Plastikstöpsel in die Ohren und blieben sitzen, überwältigt von der Größe dieses Flugzeuges und dem Lärm. Auch die anderen Passagiere sprachen nicht, aber sie lächelten, wenn sich unsere Blicke begegneten. Zu sehen gab es auch nichts, das Flugzeug hatte keine Fenster.

Zu dem Lärm der Motoren kam noch der eines gewaltigen Gebläses, das heiße Luft in das Flugzeug führte. Es wurde schnell so warm, dass wir alle unsere Jacken und Pullover auszogen. Dann schwieg der laute Blasebalg und nach wenigen Minuten krochen wir wieder in unsere Polarkleidung. Dann sprang das Gebläse erneut an und Jacken und Pullover wurden zum zweiten Mal ausgezogen. So hatten wir an Bord ein volles und abwechelungsreiches Unterhaltungsprogramm. Die Wissenschaftler und Soldaten lächelten uns an. Sie kannten das ja schon und betrachteten die ständigen Wechselbäder als Normalität.

Nach einer knappen Stunde wurde der unheimliche Riesenvogel plötzlich so gewaltig durchgeschüttelt, dass wir instinktiv an den Sitzen Halt suchten. Die Signallampen forderten zum Anschnallen auf und dann folgte eine Durchsage:

„Wir landen in Rio Gallegos."

Die Hercules setzte schwerfällig auf das Rollfeld, schien etwas zu schlingern und kam endlich zum Stillstand. Es folgte eine neue Durchsage:

„Verlassen Sie das Flugzeug und gehen Sie hinter ihrem Führer, Mann hinter Mann, vorsichtig zum Warteraum."

Wir hatten keine Ahnung, warum wir hier in der anbrechenden Nacht gelandet waren und warum wir Aufenthalt hatten. Unsere Mitreisenden, mit denen wir nach dem Ausschalten der Motoren wieder sprechen konnten, wussten es auch nicht. Aber draußen spürten wir sofort, was los war. Windböen fegten und heulten mit solcher Wucht über das Flugfeld, dass wir uns kaum auf den Beinen halten konnten. Ich ging in der Kolonne und Renate hinter mir. Sie hielt sich an meinen Schultern fest. Der Orkan kam von vorne und drohte uns umzuwerfen wie hilflose Strohpuppen. So etwas hatten wir noch nie erlebt! Wir wagten nicht zu sprechen, aus Angst, der Wind könnte uns die Zähne aus dem Mund blasen. Dabei war das nur typisch Patagonien.

Etwa 400 Meter weit stemmten wir uns gegen den Sturm, dann landete unsere kleine Kolonne in einer Wellblechbaracke. Mit einem Donnerschlag, der an den Abschuss einer Artilleriegranate erinnerte, flog die Tür zu und wir mussten uns erst einmal vom patagonischen Wind erholen. Da stand dampfender Kaffee und auch Mate-Tee, daneben lagen lecker belegte Sandwiches. Und es gab auch eine richtige Toilette.

Einer der Soldaten hatte wohl das Oberkommando und begann zu sprechen, spanisch:

„Wir haben bei diesem Sturm zunächst keine Starterlaubnis und werden mindestens drei Stunden hierbleiben. Erst nach Mitternacht wird der Wind abflauen. Aber ich untersage Ihnen, dieses Gebäude zu verlassen. Bitte bedienen Sie sich mit Getränken und einem bescheidenen Imbiss. In einer halben Stunde werde ich ein kurzes Briefing für den Weiterflug geben."

Das folgte pünktlich:

„Vor unserem Neustart werden Schwimmwesten ausgegeben, die müssen im Flugzeug am Mann bleiben. Wir werden die Drake-Passage überqueren und Sie wissen sicher, dass südlich von Kap Hoorn die stärksten Stürme auf Erden wüten können. Falls wir wassern müssen, bleiben Sie ruhig und folgen meinen Anweisungen. Haben Sie mich alle verstanden – auch Sie als einzige Dame an Bord?“

Renate fühlte sich angesprochen und erwiderte in englischer Sprache:

„Leider verstehen wir nur wenig Spanisch, aber bei einer Wasserung werden wir nur einen Schritt hinter ihnen gehen und genau sehen, was Sie tun.“

Der Soldat, ich glaube, er war Feldwebel, lachte und sprach jetzt englisch: „Falsch, Sie werden vor mir gehen, denn ich verlasse im Notfall als Letzter das Flugzeug, sogar nach dem Kapitän. Ich bin für Ihre Sicherheit zuständig.“

Wir hatten verstanden und fühlten uns unter solchen Männern wohl geborgen.

Wie vorhergesagt flaute der Orkan drei Stunden später ab und wir bekamen die Startgenehmigung. In der Luft blieb es unruhig und das Hin und Her mit dem Gebläse ging von vorne los. Trotzdem gelang es uns, etwas einzudösen. Bis uns der Sicherheitsoffizier weckte und uns bat, unsere Kameras zu nehmen und ihm ins Cockpit zu folgen. Ich musste erst richtig wach werden, um diese Einladung zu begreifen. Der Weg zum Cockpit der Hercules führte über eine senkrechte Leiter etwa drei Meter nach oben.

Wow! So etwas Großartiges hatten wir vorher nie gesehen!

Ein normales Cockpit ist eng und die Scheiben vorne sind klein. Ganz anders war das hier in der Hercules. Die Frontscheiben waren riesig und lagen nicht nur vor dem Piloten, sondern auch unter ihm. Das Flugzeug wurde für eine genaue Bodenbeobachtung konzipiert. Wir blickten auf tausend Tafeleisberge, die tief unter uns in der allerersten Morgensonne trieben. Das Polarmeer um sie herum war noch schwarz. Im Hintergrund tauchten schneebedeckte Berge auf. Wir flogen einem fremden Stern entgegen, einer Traumkulisse, deren Schönheit uns sprachlos machte.

Der Pilot und sein Copilot fühlten unsere Begeisterung und fragten, ob sie tiefer fliegen sollten. Was für ein Service, was für eine Gastfreund-

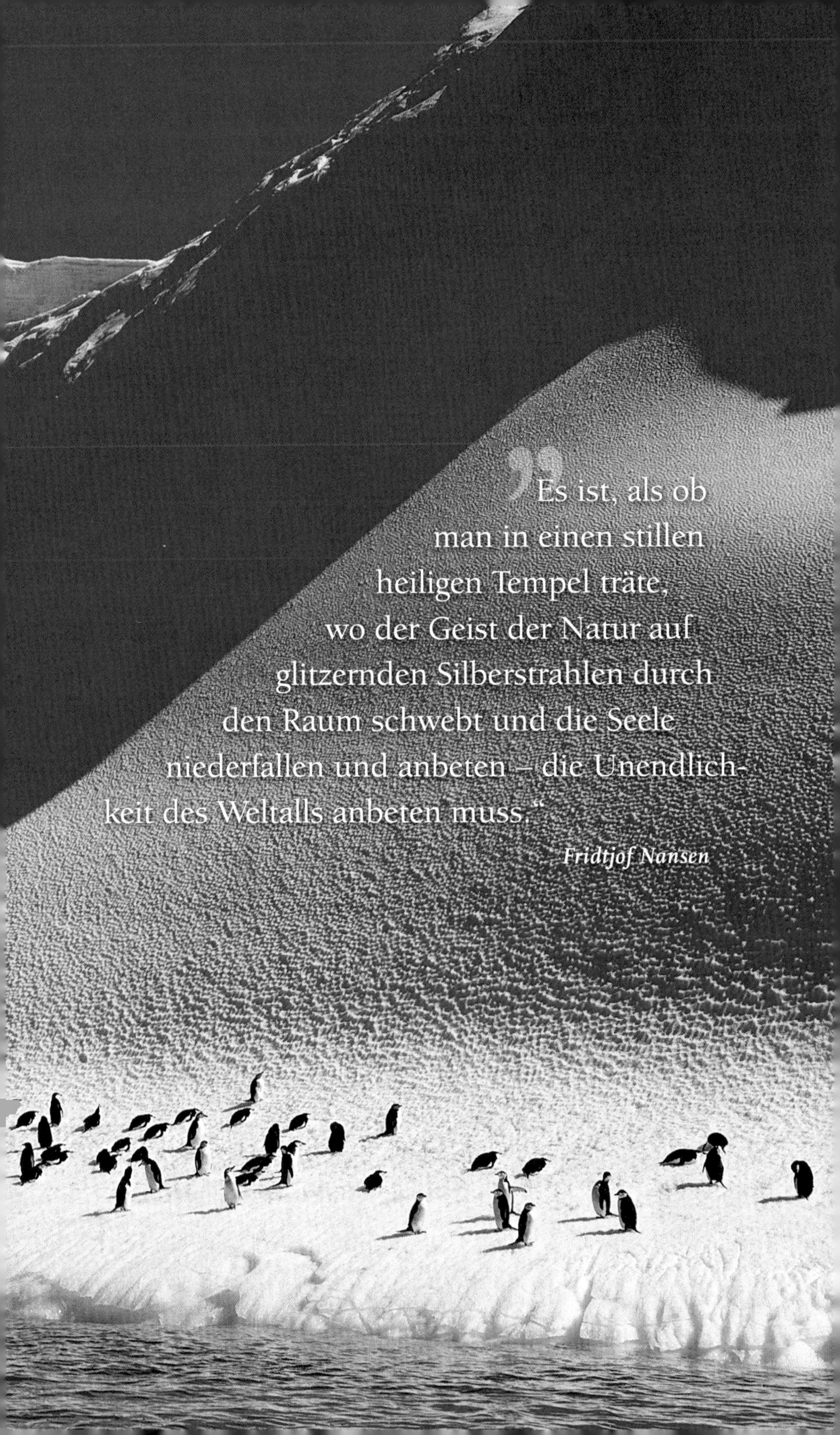

„Es ist, als ob
man in einen stillen
heiligen Tempel träte,
wo der Geist der Natur auf
glitzernden Silberstrahlen durch
den Raum schwebt und die Seele
niederfallen und anbeten – die Unendlich-
keit des Weltalls anbeten muss."

Fridtjof Nansen

schaft! Die Piloten gingen tiefer zu den Eisbergen, die so groß waren wie Fußballfelder, und ich schickte Renate zurück an unseren Platz, um mehr Filme zu holen. Der Verschluss meiner Hasselblad klickte pausenlos und so wie wir strahlte auch der Kapitän. Er drehte sich lachend um und sagte nur:

„Antarctica welcomes you!"

Bei der Landung stand die Sonne erst eine Daumenbreite über dem Horizont und Comandante Moncada begrüßte uns ähnlich verblüfft wie der Offizier in der Kleiderkammer:

„Oh my God, niemand hat mich informiert, dass da eine Dame mitkommt! Ich habe mit zwei männlichen Fotografen gerechnet. Das wird Probleme geben. Wir haben hier in der Station keine Einzeltoiletten, sondern nur Mehrsitzer für das Militär und die Wissenschaftler."

Bei dieser Antwort mussten wir beide lachen. Schon wieder ging es um die Toilette – aber hier waren wir nun und man konnte uns nicht wegschicken.

„Kein Problem, Comandante Moncada, meine Frau hat in der Wüste Toiletten gefunden und auch im Himalaya. Wir werden auch hier mit allem zurechtkommen."

„Das klingt gut. Mir kommt da eine Idee."

Der Mann musste jetzt selbst lachen und fuhr fort:

„Wir haben doch eine Einzeltoilette – im Postamt. Dort werden Sie wohnen, ich lasse Ihnen zwei Feldbetten und Decken hineintragen und schließe das Postamt für die Dauer Ihres Aufenthaltes. Nur eine Dusche gibt es dort leider nicht. Sie müssen das entschuldigen."

Kaum hatten wir unseren gemeinsamen Seesack in das kleine Postamt gebracht und uns am Waschbecken erfrischt, da klebte jemand ein gut sichtbares Plakat an die Tür unseres neuen Zuhauses:

„The postoffice is closed, because a lady is living here."

Schnell hatte sich die Nachricht rumgesprochen und viele Männer kamen in ihren orangefarbenen Polaranzügen. Sie alle wollten die fremde Lady sehen.

Comandante Moncada schickte einen Boten und rief uns zu einem Briefing in sein Büro. Die Basis Marambio bestand aus gut isolierten Aluminiumhäusern und Holzstegen, die auf Tonnen lagen. So konnte man trockenen Fußes von den Unterkünften zu den Laboren oder von der Kantine zu den Gruppenräumen gehen. Neben den Holzstegen war das schwierig, weil der Permafrostboden oben angetaut war, das Schmelzwasser aber nicht abfließen konnte.

Der Comandante begrüßte uns mit heißem Kaffee und auch mit Mate-Tee. Ohne dieses argentinische Nationalgetränk geht hier nichts. Dazu gab es Gebäck und belegte Brote aus der Kantine.

„Sie können sich hier überall frei bewegen und alles fotografieren. Verlassen Sie die Basis aber nie weiter als bis zur Sichtentfernung. Und wenn das Wetter eintrübt, was heute und in den nächsten Tagen vermutlich nicht der Fall sein wird, dann kommen Sie immer auf dem schnellsten Weg zurück. Möchten Sie ein Funkgerät bei sich haben – für den Fall der Fälle? Wenn Sie weitere Wünsche haben, melden Sie sich bei mir. Die Essenszeiten sind in der Kantine angeschlagen.

Übrigens, heute Nachmittag findet zwei Stunden lang unsere Flugschule statt. Da werden junge Piloten ausgebildet. Wenn Sie Lust haben, können Sie beide mitfliegen und die Antarktis von oben fotografieren. So klares Wetter wie heute haben wir nicht alle Tage.“

Natürlich wollten wir, und wir flogen nicht nur mit, sondern durften sogar dem Piloten unsere Wünsche in Bezug auf Richtung und Höhe ansagen. Außerdem konnte ich für jedes Bild kurz das Fenster der kleinen Propellermaschine öffnen. Welcher Fotograf hat schon mal so viel Glück an einem so ausgesetzten Ort gehabt?

Wir hätten an diesem Abend hundemüde sein müssen, denn unser Flug nach Marambio war alles andere als erholsam gewesen. Aber als wir nach dem Abendessen in unser Postamt gehen wollten, trauten wir unseren Augen nicht: In der Bucht vor Marambio lagen unzählige Tafeleisberge und glühten rot in der untergehenden Sonne. Wir waren wirklich auf einem fremden Stern unterwegs, rannten um Kamera, Stativ und Filme zu holen, und erklommen damit einen kleinen Hügel direkt vor der Küste. Das einzigartige Schauspiel blieb uns eine ganze Stunde erhalten, weil die Sonne hier unten in einem sehr flachen Winkel hinter den Horizont gleitet. Die Kälte fühlten wir nicht, wir sahen nur das Wunder Antarctica, weit weg von unserer Zivilisation. Wir standen sprachlos da und schauten, schauten, schauten …

Uns wurde dabei bewusst, dass wir solche – und andere – Wunder der Erde nicht zerstören dürfen. Dieses einzigartige Naturschauspiel brannte sich in jener Nacht tief in unsere Herzen ein, und heute – wo ich diese Zeilen niederschreibe – blicken wir auf etwa 20 großartige Antarktisreisen zurück.

„Die Welt ist ein Buch.
Wer nie reist, sieht nur
eine Seite davon."

Augustinus Aurelius

Ein letztes Weltwunder (1988)

Der Bruch des Moreno-Gletschers

Der Flug von Rio Gallegos nach El Calafate, quer durch das stürmische Patagonien, ist unter passionierten Weltenbummlern und Alpinisten so berüchtigt, dass viele Menschen lieber die fünf oder sechs Stunden dauernde Busfahrt über schlechte Schotterstraßen in Kauf nehmen.

Aber am 17. Februar 1988 war das ganz anders. Die Sonne brannte von einem wolkenlosen patagonischen Himmel, und der knapp einstündige Flug nach El Calafate verlief so ruhig, dass sich die Stewardess sogar abschnallen und Sandwiches servieren konnte. Meist ist das in Patagonien nicht möglich. Auch in El Calafate war es warm, sonnig und fast windstill. Ein Auto brachte uns weiter zum Ziel. Die vielen Schönheiten am Weg zum Moreno-Gletscher nahm ich kaum wahr; das intensive Türkis des kalten Lago Argentino rechts neben der Schotterstraße ebenso wenig wie die patagonischen Pferdeherden mit den fliegenden Mähnen und den herübergrüßenden Gauchos. Meine Gedanken waren bereits am großen Gletscher, der alle paar Jahre für ein argentinisches Weltwunder sorgt. Aber nur für wenige Stunden – wenn er bricht.

Der Bruch des Moreno-Gletschers kann ohne Übertreibung als das größte Naturschauspiel Südamerikas eingestuft werden, das aber nur wenige Menschen erleben können. Der Moreno-Gletscher liegt am Ende der Welt zwischen Chile und Argentinien und bricht, wann er will – und nicht, wann es die Besucher wollen, die mit ihren Kameras oft wochen- und monatelang auf das Eisspektakel warten. Das Schauspiel Moreno lässt sich nicht programmieren und findet in Intervallen zwischen vier und sieben Jahren statt. Wir hatten ein halbes Jahr zuvor in Argentinien gehört, dass es im Januar oder Februar 1988 geschehen könne. Deshalb legten wir schon damals unseren Flug nach El Calafate auf den 17. Februar. Einen Monat vorher hatten wir daheim in Deutschland von Freunden gehört: „Bald wird er brechen, vermutlich noch vor Ostern!“ Dann kamen wir nach Argentinien und erfuhren, dass der Gletscher ruhig sei – noch. Wir ließen die Flugbuchung für den 17. Februar sicherheitshalber rückbestätigen.

Zwei Stunden dauerte unsere Autofahrt von El Calafate bis zum Moreno-Gletscher. Bei Sonnenuntergang lag er plötzlich atemberaubend

Hochhausgroße Eisträmmer werden während des Moreno-Bruchs pausenlos aus dem Gletscher herausgewaschen.

schön vor uns: Tiefblau und kalt kroch eine gewaltige Eiszunge aus den dunklen Wolken und den noch dunkleren Bergen in den grünen See. Ein einzelner Eisberg, so groß wie ein Vier-Familienhaus, trieb am Ufer neben der Straße und leuchtete gegen die sinkende Sonne transparent und geheimnisvoll wie ein Märchenschloss. Die Zeit reichte nur für ein einziges Bild. Dann verschwand das Licht. Schwarze Wolkenbänke schleuderten uns die Nacht entgegen. Patagonischer Wind war aufgekommen.

Im Nationalpark Los Glaciares, direkt am Perito-Moreno-Gletscher, stand ein bescheidenes Restaurant mit einigen an Alpenhütten erinnernde Übernachtungshäuschen, die vom Argentinischen Automobilclub (ACA) verwaltet und betreut wurden. Marcos, ein noch jugendlicher Argentinier aus Ushuaia, führte dieses „Outdoor-Hotel" nur einen Steinwurf vom Gletscher entfernt. Er empfing uns gutgelaunt, führte uns zur Hütte Nr. 2 und erklärte uns das Feuermachen im Blockhausofen.

„Übrigens, ihr kommt genau richtig, heute Nacht wird er brechen!"

War das seine regelmäßige spöttische Begrüßung oder Ernst? Sollten wir wirklich so ein unglaubliches Glück haben? War die frühe Buchung für den 17.Februar ein Sechser im Lotteriespiel eines Fotografen und Weltenbummlers? Die Stimme von Marcos war ruhig und doch voller Lachen, außerdem konnte der Mann eine gewisse Aufregung nicht verbergen, als er auf meinen verblüfft fragenden Blick wiederholte:

„Heute Nacht wird es passieren!"

Der Moreno ist weltweit der einzige Gletscher, der ständig wächst und dabei in einen See mündet. Die Sache erscheint paradox, wenn man weiß, dass auch in den Südanden seit vielen Jahren die Gletscher zurückgehen. Aber in Patagonien ist vieles anders als im Rest der Welt. Während die Anden den gesamten südamerikanischen Kontinent von der Karibik bis zum Kap Hoorn mit über 6.000 Meter hohen Gipfeln trennen, liegt zwischen dem 46. und 52. Breitengrad ein bis zu 1.500 Meter hohes und fast geschlossenes Gletscherfeld, das als Patagonisches Inlandeis oder „Hielo Continental" bezeichnet wird. Von diesem gewaltigen Eisgewölbe ziehen unvorstellbar große Gletscherströme nach Westen, in die chilenischen Fjorde des Pazifik, und andere nach Osten, in die großen argentinischen Binnenseen San Martin, Lago Viedma und in den Lago Argentino.

Das „Hielo Continental", auf dem der argentinische Gletscherforscher Bertone Windgeschwindigkeiten von über 300 Stundenkilometern gemessen hat, ist in Wahrheit gar keine Inlandeismasse. Es handelt sich vielmehr um mehrere in einer Mulde zusammenfließende Gebirgsgletscher aus den Anden, die genau dort einen Knotenpunkt bilden, wo es den größten Niederschlag auf Erden gibt: 7.000 mm pro Jahr! Aus diesem Grund erreichen die Gletscher dort Längen von 60 bis 80 Kilometern und Kriechgeschwindigkeiten von mehreren hundert Metern pro Jahr. Der Moreno-Gletscher ist 15 Kilometer lang.

Seit 1935 stieß der Gletscher plötzlich so stark vor, dass er vier Jahre später, im Juli 1939, die Halbinsel Magallanes erreichte und so den Lago Argentino erstmals teilte. Die südliche Seehälfte hatte nach diesem überraschenden Gletschervorstoß keinen Abfluss mehr. Das Wasser stieg und 40 Quadratkilometer Weideland wurden überflutet. Erst 1940 öffnete sich eine Querspalte in der Gletscherzunge und ließ das angestaute Wasser in den nördlichen Lago abfließen. Das war der erste Bruch des Moreno-Gletschers.

Die reißenden Wassermassen brechen bei so einem Naturspektakel in wenigen Stunden einige Quadratkilometer Eis vom Gletscher ab, bis der gesunkene Wasserspiegel wieder zur Ruhe kommt. Aber neue Eis- und Schneemassen schieben den Moreno-Gletscher ohne jede Erholungspause langsam wieder dem Ufer entgegen. Das Wasser wird im Süden erneut aufgestaut, bis seine Kraft den Gletscher wieder durchbricht. Das passiert immer nach vier bis sieben Jahren, je nach Wasserzufuhr in die südliche Seehälfte. Kritisch wird die Situation am Gletscher, wenn das Wasserniveau im südlichen Lago zwanzig Meter höher ist als im nördlichen.

Am 17. Februar war der Wasserspiegel im Süden 22 Meter höher als im Norden. Die eisige Staumauer des Moreno-Gletschers hatte 80 Meter Höhe erreicht. Dieses in der Welt einzigartige Naturphänomen gibt es erst seit dem Gletscherschwund im „Hielo Continental“. Beide Wasserhöhen verhielten sich an diesem Tag ruhig, aber die Statik der gewaltigen Gletscherwand war durch den unvorstellbaren Wasserdruck an die Grenze ihrer Belastbarkeit gekommen. Die gesamte sich schiebende und quetschende Eismasse des Moreno-Gletschers war zu diesem Zeitpunkt 195 Quadratkilometer groß und seine Front fünf Kilometer breit und 80 Meter hoch.

Am Abend des 17. Februar herrschte Aufregung im kleinen Hütten-Hotel. Neben unserem Blockhaus hatte sich ein italienisches Fernsehteam einquartiert. Die Männer warteten hier bereits seit einem Monat auf den Bruch. In einer anderen Hütte bereiteten Japaner alles für eine TV-Liveübertragung in ihr Heimatland vor. Das argentinische Fernsehen war ebenfalls vor Ort. Bei Bier und guten Steaks begründete Marcos seinen Optimismus so:

„Heute hat sich eine winzige Spalte gebildet, erstes Wasser läuft bereits ab. Das Wasser wird in der Nacht stärker werden und einen Tunnel auswaschen, dann erfolgt der Bruch."

Trotz der Dunkelheit stiegen wir noch an diesem Abend mit Stirnlampen zum Gletscher hoch. Aber wir sahen und hörten nichts.

Um Mitternacht stolperten wir in unsere Hütte, legten Filme, Kamera und Stativ zurecht und versuchten zu schlafen. In Wahrheit lauschten wir gespannt nach draußen. Die Gletscherzunge war ja nur wenige hundert Meter entfernt. Draußen war tiefschwarze Nacht, kein Sternenlicht und keine Reflektion vom blauweißen Eis.

18. Februar. Gegen vier Uhr schreckten wir hoch; da war ein Donnern, Poltern und Grollen. Und das wiederholte sich in regelmäßigen Abständen. Ich zündete eine Kerze an und öffnete die Tür. Eiskalte Luft schlug uns entgegen. Dunkelheit. Nein, die Japaner hatten auch ihre Kerze brennen, und die Armee im nahen Zeltlager startete ihren Unimog. Aus anderen Hütten hörten wir Stimmengewirr. Kein Zweifel, das Wasser war durch. Marcos hatte recht behalten.

Zu dieser frühen Stunde meldeten Fernsehen und Radio in Argentinien den Beginn des Bruches und über 5.000 Menschen machten sich auf den Weg zum ganz großen Schauspiel; mit Charterflugzeugen, Bussen und Privatautos eilten sie zum Moreno-Gletscher. Im 85 Kilometer entfernten El Calafate wurden zusätzliche Armeeeinheiten in Marsch gesetzt, um den Verkehr im Nationalpark zu regeln. Parkranger hatten die Gletscherzunge schon Wochen vorher sicher abgesperrt.

Etwa zwanzig Minuten durch Buchen- und Eichenwald dauerte der Aufstieg vom Hotel zur Höhe des Cerro Buenos Aires. Von hier aus führten seit wenigen Wochen sichere Holzstege zu den schönsten Aussichtspunkten auf die Gletscherzunge. Wir erreichten das Spektakel mit dem ersten Dämmerlicht. Das Wasser hatte sich über Nacht einen Tunnel durch die Eismauer gefressen und schoss bereits als Wasserfall durch das Nadelöhr, immer mehr Eis aus dem Tunnel mit sich reißend. Polternd

Der letzte Tunnel im Moreno-Gletscher bricht zusammen.
Das Wasser vor und hinter dem Gletscher ist wieder ausgeglichen.

Eines der größten Naturspektakel unserer Zeit
geht damit zu Ende.

fielen tonnenschwere Eisstücke in die tobende Gischt, die von Minute zu Minute stärker, reißender und drohender wurde. Jetzt war der Tunnel schon so groß, dass ein gewaltiger Wasserstrahl die 80 Meter hohe nördliche Eismauer traf und schnell unterspülte. Brocken, so groß wie Hochhäuser, hatten plötzlich kein Fundament mehr und krachten scheinbar im Zeitlupentempo nach unten. Ihr Eigengewicht war so gewaltig, dass sie nicht als Eisberge davonschwammen, sondern in sich zerplatzten wie sprödes Glas. Dabei wurden weiße Gischtmassen 40 bis 50 Meter hoch geschleudert.

Noch war es früher Morgen und die zum Tode verurteilte Eiswand leuchtete blau und kalt herüber, sie zeigte sich noch einmal in ihrer unbeschreiblichen Schönheit und wurde dann, trotz ihrer Größe, vom Wasser zertrümmert wie filigranes Spielzeug.

Das argentinische Weltwunder war perfekt.

Pausenlos brachen jetzt wolkenkratzergroße Eisstücke in die wild kochende Flut, die unheimlich gurgelte und fauchte und tausend Atü und mehr gegen den Gletscher drückte, ihn unterhöhlte, unterspülte und dann einfach mitnahm. Längst war der Tunnel groß genug für einen Eisenbahnzug und seine noch etwa 30 Meter hohe Decke wurde zusehends dünner und dünner. Das permanent von der Tunneldecke stürzende Eis konnte die anstürmenden Wassermassen nicht aufhalten. Währenddessen füllten sich die „Tribünen" mit Menschen aller nur denkbaren Nationen. Sie kamen mit Kleinflugzeugen und landeten einfach auf der Schotterstraße vor dem Gletscher, mit Bussen von Rio Gallegos und von El Calafate und sogar aus dem nahen Chile. Ich traute mich nicht, meinen so früh ergatterten Standpunkt zu verlassen, denn inzwischen standen die gut 5.000 Besucher in dichter Dreierreihe an den Sicherheitszäunen – und nur aus der vordersten Linie ließen sich gute Bilder schießen. Renate sauste runter zum ACA-Hotel und kam 60 Minuten später mit belegten Broten, heißem Tee und meiner Daunenjacke zurück. Starker Wind kam auf und versuchte das Brechen, Bersten, Fallen, Spritzen und Donnern zu übertönen.

Gegen Mittag hatte der Sturm die Wolken vom „Hielo Continental" vertrieben und die Sonne kam durch. Der brechende Gletscher blendete jetzt so stark, dass unsere Augen schmerzten. Das Attribut „unbeschreiblich" erscheint mir recht abgegriffen, es wird zu oft benutzt. Aber hier hatte dieses Wort seine volle Berechtigung. Der Bruch des Moreno-Gletschers war einfach unbeschreiblich. Die vielen Menschen um mich herum fotografierten und filmten pausenlos, andere standen nur da und staunten über so viel Urgewalt und Kraft. Das Naturereignis erinnerte alle Augenzeugen – bewusst oder unbewusst – an die Schöpfungsgeschichte, ließ den Menschen mit all seinen Künsten und Wissenschaften bescheiden und klein erscheinen und erkennen, dass Wasserkraft, die in wenigen Stunden zwei bis drei Quadratkilometer Eismassen zermalmt und fortspült wie Styroporflocken, wirklich nur als „unbeschreiblich" und „unvorstellbar" bezeichnet werden kann. Zu gerne hätte ich meinen Standpunkt gewechselt und wäre hinunter in die Sperrzone gegangen, um die Eiswand hoch über mir zu haben. Aber die Absperrungen durch Ranger und Militär waren gerechtfertigt, denn die hochhausgroßen Eisberge klatschten mit solcher Wucht in die Fluten, dass sie auf schwimmenden Schollen zerschellten, und tonnenschwere Brocken, wie von mittelalterlichen Steinschleudern abgeschossen, am Ufer landeten. Dennoch sprachen wir einen Ranger an und versprachen ihm äußerste Vorsicht. Die Parkranger gaben schließlich ihr grundsätzliches Einverständnis zu einer speziellen Fototour hinunter zum Wasser, notierten unsere Passnummern und drückten uns Sonderausweise für die Sperrzone in die Hand. Ein Ranger begleitete uns hinunter, erkannte aber am Ufer, dass mehrere tausend Menschen unsere Sondertour neidisch beobachteten und nun gleiches wollten. Würden nur einige von ihnen aufbrechen und uns folgen, wären die anderen nicht mehr zu halten gewesen. Das erkannten vor allem die oberen Posten und riefen uns über ihre Funkgeräte zurück. Daraufhin brachen wir unsere Privatexpedition ab und stiegen wieder hinauf in den Wald.

Wir besprachen uns mit den Rangern und fragten nach einer anderen Möglichkeit. Die 5.000 Besucher standen auf den Plattformen vor dem Tunnel über dem nördlichen Lago. Niemand könnte uns aber sehen, wenn wir hinter dem Eistunnel, am langsam abfließenden südlichen Lago, bis hinunter an das Wasser gehen würden.

Mein Vorschlag erschien dem Ranger logisch, außerdem war südlich vom Eistunnel die Gletscherwand nicht 80, sondern nur 50 Meter hoch. Der Ranger begleitete uns, die Sonne wurde stärker und verführte sogar zum Hinsetzen. Ich hatte meine Kamera auf festem Stativ genau auf den Eistunnel gerichtet und löste bei jedem neuen Donnerschlag aus. Nur wenige Meter neben mir schoss das Wasser über die vom Gletscher zerschundenen und abgehobelten Felsen auf die immer größer werdende Eisöffnung zu. Etwa 500 Meter hinter mir, südlich, war die Gletscherzunge zu Ende und auch gar nicht mehr atemberaubend hoch. Vielleicht noch 40 Meter. Genau an der erwähnten Ecke brach ein Block ab, nicht sehr groß, vielleicht 30 Meter hoch, 10 Meter breit und nur fünf bis sechs Meter dick. Der Brocken schob sich unglaublich langsam in die Tiefe, er schien mehr zu gleiten als zu stürzen, und zerplatzte nicht – wie seine Vorgänger – auf der Wasseroberfläche, sondern tauchte unter, drehte sich und schob sich dann mit seinem unteren Ende, das viel blauer und funkelnder war als das obere, wie ein übergroßer Moby Dick beim Sprung aus der See. Der Block war nach dem Untertauchen scheinbar größer geworden – viel größer! Oder war er nur viel dichter bei uns aufgetaucht, sodass wir jetzt seine wahre Dimension erkannten? Der blaue Block wälzte sich wie ein Ungeheuer in die Strudel der „Fahrrinne" und baute damit eine Welle auf, die schnell haushoch anstieg und genau auf uns zusteuerte. Fasziniert riss ich die Kamera rum und fotografierte. Renate und der Ranger schrien aus Leibeskräften meinen Namen. Ich sah die beiden panikartig davonlaufen, auf die nahen Hänge des Waldes zu und griff mein Stativ mit der Kamera – so hetzte ich hinterher. Dann sah ich meine teuren Wechselobjektive am Boden liegen, sprang zurück, griff sie wenige Meter vor der drohenden Welle und rannte um mein Leben – immer vor dem tödlichen Wasser her. Da war ein Hügel, vielleicht 6 oder 8 Meter hoch. Ich sprang hinter den anderen her hinauf. Die Welle erreichte uns Flüchtlinge nicht mehr, einen Meter unter uns war ihre Kraft erschöpft. Wir aber standen blass und zitternd auf dem Hügel.

Wie ein friedliches Kriegsschiff schwamm der blaue Eisblock nun an uns vorbei zum Tunnel, den er fast zum Einsturz brachte. In diesem Moment löste sich ein neuer Block unmittelbar neben dem Tunnel, stürzte auf den „Blauen" und drehte ihn so in seiner rasenden Fahrt. Durch diese Drehung wurde der Strom des dahin schießenden Wassers umgedreht. Die gewaltige Flut schien plötzlich bergauf zu fließen, die neue Welle war gute drei Meter höher als die bereits furchtbare erste. Unsere Rettungsinsel drohte in wenigen Sekunden zu versinken.

Entsetzen packte uns alle drei, fast Panik. Wir sprangen von unserem Hügel und hasteten in den nahen Wald, höher und immer höher. Wir stolperten über Baumstämme und fielen in Gruben. Die Welle war uns dicht auf den Fersen, sie war einfach schneller als wir und näherte sich mit ungebrochener Kraft. In letzter Sekunde ließ sie von uns ab. Das Wasser spülte gurgelnd zurück in den Gletschertunnel. Der riesige Eisblock war zerbrochen, er riss den letzten Tunnelpfeiler mit sich. Dort aber, wo eben noch mein Stativ scheinbar sicher die kostbare Hasselblad trug, funkelten jetzt Eisstücke so groß wie Kleiderschränke. Einer dieser Brocken hätte ausgereicht, um viele Menschen zu erschlagen. Dort und auch auf unserer ersten „Rettungsinsel" lagen solche Brocken zu Dutzenden. Keine Minute länger blieben wir an diesem Ort. Mit Hautabschürfungen an Beinen und Armen und anderen leichten Blessuren hasteten wir den Hang hinauf. Unser Ranger war genauso blass wie wir und versicherte uns, nie mehr einen Fotografen hinter die Absperrung zu lassen.

Es war 16 Uhr, als ein Ruf aus fast 5.000 Kehlen das Poltern und Donnern des Eises übertönte. Champagnerflaschen wurden geöffnet, Whisky floss in Becher, Gletschereis wurde dazugegeben.

Wissenschaftler behaupteten, die Eiswürfel seien 15.000 Jahre alt!

In der Aufregung hatte niemand von uns die dunklen Wolken kommen sehen. Starker Regen trieb 5.000 Menschen zu ihren Autos und Bussen. Der Gletscher würde in den nächsten Tagen noch weiter abgehobelt werden, bis der Spiegel beider Seeteile ausgeglichen war. Und dann würde der Gletscher langsam wiederkommen und einer Tages erneut brechen.

Marcos sah unzufrieden aus und total übermüdet.

„Ich habe nichts gesehen, da war keine Minute Zeit. Kommt, ich hab' noch gute Steaks für euch, die gehen auf das Haus – und schick' mir ein paar Bilder. Ich möchte wirklich sehen, was heute da draußen los war!"

Wir treffen Sir Edmund Hillary (1991)

Besuch beim Erstbesteiger des Mount Everest

Im Jahr 1847 hat ein britischer Vermessungsoffzier des „Survey of India“ vom Ganges aus einen unglaublich hohen Berg in 160 Kilometer Entfernung entdeckt und ihn als Gipfel XV in seine Tabellen eingetragen. Als Mathematiker später die Feldmessungen auswerteten, erkannten sie, dass Gipfel XV 29.002 Fuß, also 8.840 Meter, hoch sein müsse. Die Männer hatten in ihren Rechenbüros den höchsten Berg der Welt entdeckt und benannten den Gipfel XV nach dem Pionier der Geodäsie in Indien, Sir George Everest. Dieser Mann hat den Berg mit seinem Namen nie gesehen.

Spätere genaue Messungen ergaben für den Mount Everest 8.848 Höhenmeter.

1921 begannen Engländer mit der Erforschung dieses hohen Berges – von Norden, also von Tibet aus. Der Süden – Nepal – war für Ausländer verschlossen.

Die Engländer fanden schon bei der ersten sowie bei den Folgeexpeditionen einen möglichen Weg zum Gipfel von Norden. Aber für eine erfolgreiche Besteigung reichten damals weder die Erfahrung in großen Höhen noch die Ausrüstung.

Nepal wurde Anfang der Fünfzigerjahre für ausländische Expeditionen geöffnet und sofort waren die Engländer wieder vor Ort. Sie fanden eine mögliche Aufstiegsroute im Süden und waren 1953 erfolgreich. Am 29. Mai um 11.30 Uhr erreichten der Neuseeländer Edmund Hillary und der Sherpa Tenzing Norgay als erste Menschen der Welt den höchsten Gipfel auf Erden. Wer von den beiden Männern seinen Fuß zuerst auf den höchsten Punkt gesetzt hat, ist nicht bekannt und auch völlig unwichtig. Beide, Hillary und Tensing, wurden für diese Leistung weltberühmt und gingen in die Geschichte ein.

1991 waren wir in Neuseeland unterwegs, um für einen neuen Diavortrag das „schönste Ende der Welt“ zu fotografieren: eisgekrönte Gipfel, spuckende Vulkane, sattgrüne Regenwälder, farbenprächtige Fumarolen und Schafe, Millionen Schafe! Dazu kamen die Neuseeländer, vor allem die wunderschön singenden Maoris. Aber ein ganz bestimmter Neuseeländer fehlte uns noch – der Bienenzüchter aus Auckland, der nach seiner

Helfried und Renate Weyer plaudern mit Sir Edmund Hillary in seinem Garten in Neuseeland über gemeinsame Himalaya-Freunde.

spektakulären Everestbesteigung von der Queen zum Ritter geschlagen wurde und jetzt Sir Edmund Hillary hieß. Ein Neuseelandvortrag ohne den berühmtesten Bürger dieses Staates schien mir unmöglich.

Rainer Heidtke, deutscher Manager der Reiseagentur C & E Tours in Christchurch, begleitete uns durch seine neue Wahlheimat und auf meine Frage, wann ich Hillary treffen und fotografieren könne, antwortete Rainer voller Respekt vor diesem Mann:

„Das ist nicht so einfach. Hillary ist der prominenteste Mann in unserem Land und den kann man nicht so einfach anrufen und um einen Fototermin bitten. Außerdem ist er zur Zeit auch gar nicht hier, sondern irgendwo in Nepal und wird so schnell auch nicht zurückkommen."

Wir hatten nach Plan nur noch eine Woche Zeit. Für den kommenden Samstag war unser Rückflug nach Deutschland gebucht. Am folgenden Mittwoch meldete das neuseeländische Fernsehen, dass Hillary in Nepal, im 4.000 Meter hoch gelegenen Sherpaland, höhenkrank geworden sei. Der 72-jährige Everestbesteiger sollte deshalb am Donnerstag nach Neuseeland ausgeflogen werden. Er kam vom Airport Auckland sofort in ein Krankenhaus, wurde dann aber – so eine weitere TV-Meldung – nach kurzer Untersuchung wieder entlassen. Die neuseeländischen Nachrichten bringen solche und ähnliche lokale Meldungen immer vor den Weltnachrichten, für die sich hier kaum jemand wirklich interessiert.

Am Freitag griff ich zum Telefon und war gespannt, wer sich da melden würde.

„Hallo?" Das war die ganze Ansage.

„This is Helfried Weyer speaking. Can I talk to Sir Edmund Hillary?"

„I am Ed, what can I do for you?"

Ich war verblüfft, dass man diesen berühmten Mann so einfach anrufen konnte und dass er sich sofort persönlich meldete. Ich erklärte Hillary meinen Wunsch, ihn für einen Diavortrag zu fotografieren, und sagte ihm auch, dass wir von seinem Pech in Nepal wüssten und ihm gute Besserung wünschen. Und dass wir ihn nicht länger als 15 Minuten mit den Aufnahmen stören würden. Dann musste ich sagen, dass wir Samstag Nachmittag heimfliegen, es komme also nur der morgige Vormittag in Frage.

Hillary blieb unglaublich unkompliziert, hörte geduldig zu und antworte sachlich und freundlich:

„Kommen Sie morgen früh gleich nach dem Frühstück, sagen wir um 10 Uhr. Und geben Sie mir Ihre Telefonnummer, damit ich Sie erreichen kann, wenn etwas dazwischenkommt. In meinem Alter kann man nie wissen!"

Hillary lachte und legte auf.

Rainer Heidtke war viel aufgeregter als wir.

„Ich kann bei euch nur dazulernen. Nehmt mich morgen bitte mit. Ich wollte diesen Mann schon immer kennenlernen, aber ich dachte, der sei für mich kleinen Reiseveranstalter nicht zu sprechen. Ich war der Meinung, da können sich nur ganz große Tiere anmelden."

Am Samstag, wenige Stunden vor unserem Abflug nach Europa, klingelten wir an Hillary's Haus in einem vornehmen Stadtteil Aucklands. Der große, schlaksige Mann stand in gebügelter Hose und weißer Windjacke, mit den Händen in der Tasche, vor roten und weißen Margeriten-Rabatten in seinem Garten und grinste uns an.

„Welcome. What was your name? Renate and Helfried and – aha Rainer. Was your fototrip successful?"

Hillary war noch viel unkomplizierte als ich ihn mir vorgestellt hatte. Er wollte wissen, was wir in Neuseeland gesehen hatten und wie uns sein Heimatland gefällt. Wir aber wollten etwas von seiner Everestbesteigung erfahren, und als wir auf das Thema Sherpaland kamen, stellten wir fest, dass wir in Nepal und am Everest und auch in der internationalen Bergsteiger-Szene viele gemeinsame Bekannte und Freunde hatten. Ich machte meine Bilder, dann landeten wir beim Tee in seinem Wohnzimmer, das mit schönen Tibetteppichen ausgelegt war, und schon hatten wir ein neues Thema: Tibet und seine Besetzung durch die Chinesen. Ich bat Hillary, aus seinem Leben zu erzählen. Da lachte er spitzbübisch und begann:

„Ich war als Junge immer ein Träumer. Ich las Abenteuerbücher und hatte dabei den Kopf hoch oben in den Wolken ..."

Nach einer gemütlichen Stunde schaute ich auf die Uhr, nicht er.

„Habt ihr es eilig? Müsst ihr schon zum Airport?"

Nein, etwas Zeit blieb uns noch. Wir schwatzten eine weitere Stunde mit Sir Edmund Hillary und hätten wohl noch Gesprächsstoff für eine ganze Woche gehabt.

Die Erstbesteigung des Mt. Everest 1953 war eine Glanzleistung von Hillary, aber noch größer waren seine Folgetaten. Der Bienenzüchter aus Auckland hat seine Sherpahelfer nie vergessen. Nach dem Everest hat er sich sein ganzes Leben lang bei ihnen bedankt. Hillary gründete den Himalayan-Trust, sammelte durch diese Organisation Geld und baute im Sherpaland Schulen, Krankenhäuser, Brücken und Flugplätze. Das – und seine Bescheidenheit – hat ihn hervorgehoben und zu einem ganz großen Menschen gemacht, zu einem Vorbild für Millionen.

Hillary hat in seinem Leben immer Dinge gewagt, die andere Menschen für unmöglich hielten. Und er hat immer gewonnen.

Der Neuseeländer starb im Januar 2008 in seinem 89. Lebensjahr.

„Das wichtigste Stück des Reisgepäcks
ist und bleibt ein fröhliches Herz."

Hermann Löns

„Tenzing, ich bin fertig!“ (1981)

Die falschen Mönche im Potala

Als Tenzing Norgay zusammen mit Edmund Hillary auf dem Gipfel des Mount Everest stand, kniete der Sherpa einen Moment nieder und sagte laut und deutlich gegen den Wind:

„Thuji chey, Chomolungma. Ich danke dir!“

Die beiden Männer blieben 15 Minuten lang auf dem höchsten Punkt der Erde und taten, was die meisten Bergsteiger in so einem Fall tun: Sie schüttelten sich die Hände, sie fotografierten sich mit ihren Flaggen und Wimpeln gegenseitig und ebenso die atemberaubenden Talblicke, die nie zuvor ein menschliches Auge gesehen hatte – dann stiegen sie wieder ab, hinunter die Welt der Zivilisation. In diesen 15 Minuten des Gipfelglücks hatte sich die Welt für diese beiden Männer total verändert. Sie waren als überdurchschnittlich gute Bergsteiger hinaufgestiegen und als weltberühmte Helden runtergekommen.

Nach der Besetzung Tibets durch die Rotchinesen wurde das „Dach der Welt“ für Besucher aus dem Westen jahrzehntelang geschlossen. Die Tür zum geheimnisvollen Tibet öffnete sich erst 1980 einen winzigen Spalt breit. Erste Reisegruppen durften Lhasa und auch Shigatse besuchen, mehr aber nicht. Der amerikanische Tourveranstalter „Lindblad Travel“ gehörte zu den ersten Anbietern von Gruppenreisen nach Tibet, und ich ergatterte 1981 einen Platz. Meine Mitreisenden lernte ich erst auf dem Flugplatz in Hong Kong kennen und stellte bei der Begrüßung erfreut fest, dass Tenzing Norgay mit dabei war. Wir beide fanden sofort einen Draht zueinander, konnten uns über gemeinsame Freunde unterhalten und natürlich auch über den Mount Everest. Da war es nur logisch, dass wir auf dem Flug nach Lhasa nebeneinander saßen, und dann ergab es sich, dass wir uns während der Reise ein Doppelzimmer teilten.

Tenzing war 1914 geboren und bei unserem Treffen bereits 67 Jahre alt. Ich war 25 Jahre jünger und staunte jeden Tag aufs Neue über die unverbrauchte Kondition dieses außergewöhnlichen Mannes. Tenzing lief mir immer davon, wenn ich auf 4.000 Meter Höhe anfing zu schnaufen und nach Atem rang.

Die aus verschiedenen Nationen bestehende Gruppe konnte Tenzing überreden, an einem der ersten Abende einen Vortrag über seine Everest-

Der Potala-Palast in Lhasa, einst Residenz des Dalai Lama in Tibet, gehört bis heute zu den imposantesten Bauwerken auf Erden.

besteigung zu halten. Der Sherpa bat mich, die Übersetzung für alle deutschsprechenden Teilnehmer zu übernehmen. Dieser Abend hat uns dann richtig zusammengeschmiedet, und als Dank für meinen leichten Service übernahm Tenzing nun „niedere“ Trägerarbeiten für mich. Ich hatte damals eine Leica mit verschiedenen Objektiven dabei und zusätzlich eine große und schwere Linhof-Panoramakamera, die ich nur von einem Stativ aus einsetzen konnte. Tenzing schleppte bei unseren Ausflügen immer diese große Kamera und auch das Stativ und wurde zu meinem „Assistenten“. Als ich ihm einmal sehr vorsichtig sagte, dass die Linhof teuer sei und er äußerst vorsichtig damit umzugehen habe, antworte der immer fröhliche Sherpa lachend:

„Okay, I take care like for my own baby!“

Seit dieser Zeit heißt die Kamera bei uns nur noch „Baby“.

Tenzing ist Sherpa. Dieses Volk ist vor einigen hundert Jahren, aus Tibet kommend, nach Süden gezogen und hat sich am Fuß des Mount Everest angesiedelt. Sherpas sprechen bis heute ihre eigene Sprache, die aber aus dem Tibetischen hervorgegangen ist. Sie alle verstehen Tibetisch und viele sprechen es auch. Das galt auch für Tenzig Norgay.

Aus diesem Grund war Tenzing sehr erstaunt, in den Klöstern und Sakralbauten Mönche zu treffen, die nur Chinesisch sprachen und kein Wort Tibetisch verstanden.

„Helfried, das sind alles keine echten Mönche, das sind rotchinesische Spitzel!“

Tenzing machte sich nach dieser Erkenntnis einen regelrechten Spaß daraus, jeden einzelnen Mönch in seinem weinroten „Tarnanzug“ zu identifizieren, und teilte mir das Ergebnis seiner Recherche immer breit grinsend mit, indem er seinen Daumen hob oder senkte.

Während Touristen heute in Tibet in fast allen Klöstern fotografieren dürfen, dafür aber beachtliche Gebühren zahlen müssen – ein Raum oder ein Motiv im Potala kann 50 bis 150 US-Dollar kosten –, gab es 1981 noch viele strikte Fotoverbote. Überall standen chinesische Aufpasser und die wenigen Besucher – außer unserer eigenen Gruppe haben wir keine Fremden gesehen – wagten nicht, ihre Kamera ans Auge zu nehmen. Mein Anliegen war aber, endlich gute Bilder aus Tibet mitzubringen.

Tenzing Norgay fand eine geniale Lösung für „unser“ Problem. Der Mann empfand sich ja selbst inzwischen als mein Assistent oder sogar

Helfried Weyer besucht zusammen mit Tenzing Norgay (links) als einer der ersten westlichen Fotografen das von China besetzte Tibet.

als festes Teammitglied. Er ließ durch unseren chinesischen Reiseleiter verbreiten, dass der weltberühmte Everestbesteiger Tenzing Norgay zu dieser Touristengruppe gehöre, und Tenzing spielte schlitzohrig mit. Wir hatten vorher gemeinsam die wichtigsten Motive einer Etage im Potala ausgesucht. Danach lachte Tenzing die chinesischen Wachen an und versprach ihnen Autogrammkarten hinten an der Tür. Dort stand auch ein kleiner Tisch. Sehr langsam erklärte Tenzing den gebannt lauschenden Chinesen, dass sie sich in einer geordneten Reihe aufzustellen haben.

Die Sache funktionierte großartig.

Tenzing zog die Aufpasser zusammen und faszinierte sie, und ich hatte meine Motive wächterfrei. Ich konnte mich von Bild zu Bild ungestört vorarbeiten, fotografierte hier eine besonders schöne Thangka, dort eine Bronze und zuletzt den kostbaren Thronsessel des Dalai Lamas. Alle paar Minuten hörte ich Tenzing laut rufen:

„Are you ready?"

„I need five minutes more!"

„Okay, go ahead."

Tenzing strahlte die falschen Mönche an, musste dann in seinem Kugelschreiber die leere Mine umständlich wechseln und rief wieder:

„Is everything okay?"

„I need one more picture!"

Von den Chinesen verstand kein Mensch die englischen Worte und deshalb schöpften sie auch keinen Verdacht. Selbst die Männer, die bereits eine Autogrammkarte in der Hand hatten, gingen nicht zurück auf ihre Posten, sie starrten weiter gebannt auf ihren berühmten Besucher.

Schließlich konnte ich meine Geräte einpacken und den „Star-Sherpa" von seiner Aufgabe befreien.

„Tenzing, ich bin fertig!"

Der große Tenzing Norgay hat sich über diesen kleinen Streich so kindlich amüsiert, dass wir täglich darüber lachen mussten. Auch in Shigatse hat unsere Strategie funktioniert, und als wir am letzten Tag unserer Reise gemeinsam einige Steine – Korallen und Türkise – für eine Kette aussuchten, die ich Renate mitbringen wollte, meinte Tenzing in dem Laden:

„Willst du hier Bilder machen? Ich kann das arrangieren."

Tenzing prustete vor Lachen und ich machte ihn darauf aufmerksam, dass wir in einem tibetischen Geschäft waren und es keine Fotoverbote gab.

„Schade, es hat mir doch so viel Spaß gemacht.“

Sherpa Tenzing Norgay starb 1986. Leider hat er nicht mehr erleben können, dass sein 1965 geborener Sohn Jamling 1996 ebenfalls den Gipfel des Mount Everest erreichte und sich damit seinen größten Lebenstraum erfüllt hatte.

Jamling hatte mit seinem Vater Jahre zuvor über diesen Traum gesprochen und kannte Tenzings Antwort:

„Wozu? Ich habe ihn erstiegen, also brauchen meine Kinder das nicht mehr zu tun.“

Es gibt kein sichereres Mittel
um festzustellen, ob man einen
Menschen mag oder nicht,
als mit ihm auf Reisen zu gehen.“

Mark Twain

Besuch bei den „Neuen Menschen“ (1993)

Thule ist das grönländische Ende der Welt

Knud Rasmussen, Däne mit einem guten Schuss Eskimoblut in den Adern – den hatte er von seiner grönländischen Großmutter –, wuchs als Pastorensohn in Jakobshavn (heute Ilulissat) auf. Als der Junge 1888 von seinem Vater die Sensation hörte, dass Fridtjof Nansen Grönland durchquert hatte, war der kleine Knud sehr beeindruckt und fragte aufgeregt:

„Was hat er gefunden, Vater? Leben dort auch Menschen?“

„Nein, Menschen gibt es dort nicht, das hat Nansen bewiesen. Nicht einmal Tiere können dort leben.“

Von den Alten im Dorf hörte Knud aber immer wieder Geschichten über die „Neuen Menschen“, die irgendwo weit im Norden leben sollten. Knud Rasmussen lauschte diesen Erzählungen atemlos und prägte sich einen Satz ganz besonders ein:

„Wer zu ihnen gelangen will, muss mit dem Südwind ziehen!“

Im März 1903 brach Knud Rasmussen mit sechs Schlitten auf, um die „Neuen Menschen“, die Polareskimos, zu suchen. Er fand sie, hoch oben im Norden Grönlands, ohne Kontakt zu den Eskimos im Süden der Insel. Er nannte ihren Wohnplatz Thule – nach der Insel aus der griechischen Mythologie – und wurde ihr großer Freund und Förderer.

Genau 90 Jahre nach Knud Rasmussen, im März 1993, wollte ich diese legendären Menschen ebenfalls kennenlernen und fotografieren. Aber ich machte mich nicht mit dem Hundeschlitten auf den Weg, sondern mit einem modernen Linienflugzeug der SAS, das regelmäßig zwischen Kopenhagen und Kangerlussuaq pendelte. Damals gab es einmal pro Woche einen Anschlussflug nach Thule Airbase. Dieser Luftwaffenstützpunkt wurde von den Amerikanern 1953 während des Koreakrieges für 20.000 Soldaten und Zivilisten förmlich in das Eis von Thule gestampft und existiert bis heute. Die in Thule ansässigen Menschen – unter ihnen die letzten reinrassigen Polareskimos – wurden vor dem Bau der Airbase in das gut hundert Kilometer entfernte Qaanaaq/Thule umgesiedelt. Von Thule Airbase nach Qaanaaq gab es 1993 eine sehr wetterabhängige Helikopterverbindung.

Der Polareskimo Ajako tanzt bei minus 30° Celsius
zu seiner Handtrommel aus Seehundfell.

Ausgerüstet für tiefe Temperaturen und lange Schlittenreisen flog ich gut gelaunt und voller Erwartungen nach Grönland. Eine volle Stunde lang düste der Eisenvogel bei schönstem Wetter über die gewaltige Eiskappe und ich klebte mit der Nase regelrecht an dem kleinen Flugzeugfenster. Der gute Service an Bord interessierte mich nicht mehr, ich hatte nur noch Augen für diese unendlich saubere Welt aus Eis und Sonnenlicht. Je mehr wir uns dem Zielflughafen Kangerlussuaq näherten, desto zerrissener wurde das Eis unter uns; wilde Gletscherbrüche, unzählige Wasserfälle, chaotisch schöne Arktis vom Feinsten.

Ich hatte fast zwei Stunden Zeit bis zu meinem Weiterflug nach Thule. Aber dann kam der erste Schock: Mein Gepäck war nicht angekommen, das Laufband blieb leer. Ich hatte nur die Kleidung am Körper und meine Fotoausrüstung in einem Metallkoffer, den ich immer als Handgepäck transportiere. Und da fehlte auch das aufgegebene Stativ. Die SAS entschuldigte sich für dieses Missgeschick und wusste bereits, dass etliche Gepäckstücke in Kopenhagen liegen geblieben waren.

„Morgen kommt Ihr Gepäck. Wir werden es Ihnen sofort zustellen."

„Wo, in Qaanaaq?"

„Nein, nach Qaanaaq können wir das Gepäck erst in einer Woche nachschicken. Vorher gibt es da keine Verbindung."

Ohne Gepäck nach Thule, das fand ich unmöglich. So wie ich gekleidet war, konnte ich mich in Thule kaum bewegen. Ich wollte zwei Wochen in Thule bleiben, dann musste ich unbedingt zurück nach Deutschland, da dort eine große Vortragstournee über Neuseeland auf dem Programm stand, zu der wir alleine zwanzig Maoritänzer erwarteten. Die Tournee war seit einem Jahr vom neuseeländischen Fremdenverkehrsamt vorbereitet, große Hallen waren angemietet und der Kartenvorverkauf lief seit Wochen. Nein, in zwei Wochen musste ich unbedingt wieder daheim sein. Ich hockte mich enttäuscht in eine Ecke des Flughafens und überdachte meine Situation. Zwei Wochen Thule konnte ich streichen, aber eine Woche war noch möglich. Sollte ich die Woche hier am Airport warten? Da könnte man Moschusochsen fotografieren und vor der Eiskappe Gletscherabbrüche. Aber eine ganze Woche lang? Ich entschloss mich für eine Übernachtung am Airport und wollte dann am nächsten Tag nach Ilulissat fliegen, mit meinem Gepäck. In Ilulissat kannte ich mich aus, dort hatte ich auch viele Freunde. Mein Gepäck kam, die SAS entschuldigte sich noch einmal und übernahm kulanterweise die Übernachtungskosten in ihrem eigenen Flughafenhotel. Eine Sorge war ich also los. Ich hatte meine warme Polarkleidung, mein Stativ und auch alle Filme. Im Handgepäck befand sich davon immer nur ein kleiner Notvorrat. Erleichtert bestieg ich das Propellerflugzeug nach Ilulissat und bezog dort ein Zimmer im zentral gelegenen Hotel Hvide Falk. Das Thermometer zeigte zehn Minusgrade an und der Himmel war wolkenlos. Aus meinem Zimmer hatte ich einen großartigen Blick auf das zugefrorene Eismeer und mit dem Fernglas erkannte ich weit draußen Grönländer bei einer ihrer Lieblingsbeschäftigungen, dem Eisfischen. Dabei wird ein Loch in das Meereis gebohrt und eine Schnur mit Haken und Köder hineingehängt. Diese Schnur muss jetzt ständig bewegt, das heißt hoch- und runtergezogen werden, bis ein Fisch anbeißt. Eisfischer halten es stundenlang auch bei tiefsten Temperaturen an so einem Loch aus. Da hielt mich nichts mehr im warmen Hotelzimmer. Ich schnallte meine etwa 12 Kilogramm schwere Fotokiste auf das Traggestell und stapfte los – die Eisfischer waren etwa drei Kilometer von der Küste entfernt. Ich lief in einer Schlittenspur und glaubte natürlich, die sei sicher. Aber das war falsch gedacht. Nach rund 2.000 Schritten auf dem Meereis gab der Boden unter meinen Füßen nach und ich rutschte langsam und ohne Halt ins Wasser, bis zur Hüfte. Mein Traggestell mit der Fotokiste stoppte die Gleitfahrt durch das Eis. Instinktiv breitete ich beide Arme aus und fand damit zusätzlichen Halt. Natürlich war ich unter Schock, aber nicht in Panik. Die Luft war etwa 18 Grad unter Null kalt (auf dem Meereis ist es immer ungleich kälter als an Land), das Wasser hatte aber eine Temperatur knapp über dem Gefrierpunkt. Es kam mir im ersten Moment fast lauwarm vor. Was hätte ich in dieser Lage tun sollen? Um Hilfe rufen? Nein, da war weit und breit kein Mensch. Mir war voll bewusst, dass ein weiteres Abgleiten den sicheren Tod bedeuten würde. Vor mir war das Eis dünn und brüchig – sonst wäre ich ja nicht eingebrochen –, hinter mir hatte es gehalten. Also musste ich mich nach hinten aus dem Loch retten. Ich versuchte, mich auf die Fotokiste zu legen und stemmte mich mit beiden Ellbogen so gut es eben ging nach hinten. Irgendwie gelang das und ich konnte mich auf festes Eis retten, die Beine aus dem Wasser ziehen und über dem Loch spreizen. Das Wasser war jetzt doch so eisig kalt geworden, dass jede Berührung mit ihm schmerzte. All meine Bewegungen mussten im Zeitlupentempo ausgeführt werden, Hektik wäre in dieser Situation lebensgefährlich. Die dünnen Lochränder hätten erneut brechen können.

Erst als ich mich aus der misslichen Lage befreit und auf dem Eis einen festen Stand gefunden hatte, fuhr mir mit dem Wind eine schreckliche Kälte in die Knochen. Eigentlich waren jetzt nur noch Kopf und Schultern trocken, alle anderen Körperteile waren ja mit Wasser in Berührung gekommen. Aber Nansen und Rasmussen waren auch oft ins eiskalte Wasser gefallen und hatten unbeschadet überlebt, das wusste ich – und es fiel mir in genau diesem Augenblick ein. Vorsichtig ging ich Schritt um Schritt zurück in meiner eigenen Spur. Die Kälte wurde sehr bald fast unerträglich und ich musste immer schneller und schneller gehen, um nicht zu erfrieren.

Nach einer halben Stunde hatte ich das rettende Ufer erreicht, von dort waren es nur weniger Schritte bis zum Hotel Hvide Falk. Atemlos stürzte ich in mein Zimmer, warf die nasse, zum Teil schon hart gefrorene Kleidung ab und setzte mich in die Badewanne unter den heißen Wasserstrahl. Langsam taute ich wieder auf und machte Inventur: Mein Portemonnaie war verloren gegangen, mit allem Geld und der Kreditkarte. Meine lauten Flüche über diese Entdeckung gehören nicht hierher. Eigentlich hatte ich doch allen Grund, mich über mein neu geschenktes Leben zu freuen!

Das Portemonnaie musste bei meinem Rückwärtsmanöver aus der Gore-Tex-Jacke geglitten sein und könnte eventuell noch neben dem Eisloch liegen. Ich zog mir trockene Kleidung an und marschierte zur Polizeistation Ilulissat, um den Unfall und meinen Verlust zu melden. Von den Beamten erfuhr ich, dass genau der Fischer, dessen Spur ich gefolgt war, einen Tag vor meinem Pech mit seinem Hundegespann in das Loch gefahren war und jetzt mit erfrorenen Füßen im Krankenhaus lag. Unter dem Eis befand sich ein starker Strudel, der Ursache für die dünne Oberfläche war. Die Polizei wollte mich am nächsten Morgen, an einer Sicherheitsleine und im Überlebensanzug steckend, zu dem Loch führen und nach meiner Geldbörse suchen. Leider fanden wir nichts.

Es wurde Zeit, Renate anzurufen und sie zu beauftragen, den Verlust der Kreditkarte zu melden und eine neue zu beantragen.

„Okay, die können wir Ihrem Mann noch heute ausstellen, gar kein Problem!“

„Und wo kann mein Mann die Karte abholen?“

„In unserem Büro in Kopenhagen.“

„Aber ich habe Ihnen gesagt, dass sich mein Mann auf Grönland befindet.“

„Grönland gehört zu Dänemark und da ist unser Büro in Kopenhagen zuständig. Auf Grönland selbst haben wir keine Niederlassung. Ist das denn so weit bis nach Kopenhagen?“

„Shit happens“, dachte ich und ging zurück zum Hotel. Dort fand ich eine Nachricht, ich sollte sofort die Polizei anrufen. Das tat ich und hörte:

„Kommen Sie zu uns, ein Fischer hat Ihr Portemonnaie gefunden. Sie können es bei uns auf der Wache abholen.“

Das war endlich mal eine gute Meldung! Der Eisfischer hatte das Portemonnaie noch am Abend nach meinem Einbruch etwa 200 Meter vom Unfallort gefunden. Vermutlich hatte ich es dort beim wilden Warmschlagen mit den Armen verloren – vielleicht war ich ja doch etwas in Panik geraten.

Ich rief erneut Renate an und sagte ihr, dass sie die Kreditkarte wieder freischalten kann. Aber das ging nicht, die Karte blieb gesperrt, eine neue war schon auf dem Weg nach Wetzlar.

Eine Woche war vergangen, da saß ich erneut im SAS-Flieger und jetzt tatsächlich unterwegs nach Thule Airbase. Am selben Tag erwischte ich noch einen Helikopter nach Qaanaaq. Dort holte mich Hans Jensen ab und steckte mich in ein Zimmer der dänischen Telestation. Hans Jensen ist ein großherziger Eskimo, der ein wunderschönes Gästehaus in Qaanaaq betreibt und sich um alle Fremden hier oben am Ende der Welt rührend kümmert.

„Ich möchte fotografieren und in einer Woche so viel wie möglich von Thule und seinen Menschen kennenlernen. Leider habe ich nicht länger Zeit. Aber nach meinem ersten Eindruck hier werde ich sicher wiederkommen.“

„Sieben Tage sind für diese großartige Gegend viel zu wenig, aber ich werde dir ein gutes Programm zusammenstellen. Ajako ist ein tüchtiger Jäger und Fänger, er wird dich begleiten. Ajako hat ein sehr fotogenes Hundegespann, er kann Iglus im Eis bauen und dir alle Jagdmethoden zeigen. Außerdem ist Ajako der beste Trommeltänzer von Thule. Lass ihn vor einem Eisberg tanzen und du bekommst deine Traumbilder.“

Polareskimos in Eisbärfellhosen in ihrer Heimat Thule.
Knud Rasmussen hat sie gefunden und die „Neuen Menschen“ genannt.

Der dänische Polarforscher wurde ihr Freund und Förderer und gründete die Außenstation Thule im äußersten Norden Grönlands.

Thule – was für eine Welt! Hier also lebten und leben die „Neuen Menschen“ von Knud Rasmussen als Jäger und Fänger. Ajako war ein richtiger „Bilderbucheskimo“. Schnell wurden wir Freunde und fuhren mit seinem Gespann – mit 14 Hunden davor – zu nahegelegenen Eisbergen und Eisbögen, zu einsamen Jagdhütten und schließlich bis nach Siorapaluk, der nördlichsten Siedlung auf Grönland.

Ich war fasziniert von dieser fernen Welt aus Eis und Schnee und Licht mit ihren scheinbar immer fröhlichen Menschen, die so herzlich lachen können, wenn ein tollpatschiger Gringo vom Schlitten fällt oder über kalte Füße klagt. Und dann die Hunde von Thule, die den ganzen Tag nur Streicheleinheiten fordern! Diese Hunde hatte ich schon am ersten Tag in mein Herz geschlossen und sie kosteten mich viele, viele Filme.

Aber dann platzte mitten in die kalte Idylle eine neue Horrormeldung. Wir kamen müde und glücklich aus Siorapaluk zurück und fanden bei Hans eine kurze Nachricht des dänischen Verbindungsoffiziers in Thule, Commander Erik Thomsen. Ich musste zur bitteren Kenntnis nehmen, dass SAS die nächsten beiden Flüge zwischen Kangerlussuaq und Thule Airbase gestrichen hatte. Ich konnte unmöglich hier oben bleiben! Ich musste ja 20 Vorträge für und über Neuseeland halten.

Zunächst beriet ich mich mit Hans. Wie lange würde Ajako brauchen, um mich mit dem Hundeschlitten nach Upernarvik zu bringen? Das ist der erste Ort mit Helikopteranschluss nach Süden.

„Die Schlittenreise dauert zwei bis drei Wochen, wenn alles gut läuft. Sie kann bei schlechtem Wetter aber auch vier Wochen dauern.“

Endlich hatte ich Commander Thomsen am Telefon und schilderte ihm meine Situation. Thomsen war ein besonnener Mann, der zuhören und mitdenken konnte.

„Es tut mir leid, aber es fliegt niemand nach Süden. Ich habe Sie für die erste SAS-Maschine in zwei Wochen vorgesehen.“

Hans half nach diesem Telefonat mit einem doppelten Whiskey aus. Das war auch notwendig. Ich wagte nicht, Renate zu informieren.

Und dann klingelte noch einmal das Telefon.

„Hier spricht Commander Thomsen. Ich sehe eine winzige Möglichkeit, kann aber noch nichts fest versprechen. In zwei Tagen fliegt eine amerikanische Militärmaschine zur Maquire Air Force Base.“

„Wo ist das?“

„Irgendwo in den USA, ich glaube, nicht so weit von New York entfernt. Aber langsam: Es gibt hier eine Bestimmung, dass die Militärmaschinen nur US-Soldaten und im Ausnahmefall dänische Zivilisten befördern dürfen, die hier auf der Airbase arbeiten. Sie sind leider deutscher Staatsbürger. Sprechen sie eventuell dänisch?“ „Nein, dänisch spreche ich nicht, aber ich werde morgen mit dem ersten Heli zur Basis kommen und bin sicher, dass Sie bis dahin eine Lösung gefunden haben.“

„Danke für Ihr Vertrauen, aber noch fällt mir nichts ein. Kommen Sie trotzdem.“

Jetzt rief ich Renate an und teilte ihr mit, dass ich entweder gar nicht oder über New York nach Hause kommen werde.

„Da ich keine gültige Kreditkarte habe, buche bitte ein Ticket New York-Frankfurt und lass es bei der Lufthansa in New York hinterlegen.“

Commander Thomsen war am Airport, als mein Heli landete. Und er strahlte mich an. Da wusste ich, dass die Sache gut ausgehen würde.

„Ich habe Sie als dänischen Journalisten deklariert und auf die Passagierliste nach Maquire gesetzt. Sprechen Sie unterwegs möglichst kein einziges Wort, weder mit Amerikanern noch mit Dänen. Zeigen Sie auf Ihren Hals und deuten Sie eine schlimme Erkältung an. Der Tipp kommt von meiner Frau und etwas besseres ist uns beiden nicht eingefallen. Haben Sie Lust, heute Abend unser Gast zu sein?“

Commander Thomsen wohnte mit seiner Frau etwas außerhalb der Basis in einem feuerroten Holzhaus mit einem riesigen schwarzen Anker davor, der – so hörte ich später – noch von der ersten amerikanischen Landung 1953 stammte. Vor seinem Haus reichte der angewehte Schnee bis zum ersten Stock, nur zur Haustür war ein schmaler Gang freigefräst.

Es wurde ein sehr gemütlicher Abend und ich hörte, dass die beiden Dänen, wenn sie in Kopenhagen Urlaub machen, immer schon nach einer Woche Heimweh nach der Arktis bekommen.

Nichts beruhigt die Seele eines Menschen so stark wie diese Eiswelt hier im Norden, das gilt für den immer hellen Sommer genauso wie für die immer dunkle Polarnacht, erzählten mir meine beiden großartigen Gastgeber.

Spät am Abend klingelte es an der Haustür. Da stand ein Melder mit einem Telegramm von Renate. Sie teilte mir die Flugnummer mit und schrieb, dass die Lufthansa ab Newark Liberty International Airport fliege und der Kapitän mein Ticket bei sich habe.

Bevor mich der Commander zurück in das dänische Gästehaus fuhr, zeigte er mir auf einer Karte, wo genau Maquire liegt: etwa 70 Meilen südlich von New York.

Die Neuseelandtournee war gerettet. Meine Eindrücke in Thule waren so stark, dass ich in den Folgejahren erste Fotogruppen nach Qaanaaq brachte. Und weil es gleich bei der ersten Tour aufgrund des Wetters Probleme mit dem Rückflug zur Airbase gab – wir saßen eine Woche fest und waren heilfroh über die große Hilfe von Commander Thomsen –, baute ich das Programm für die zweite Tour um. Ich verzichtete auf den unsicheren Heliflug und fuhr mit meiner Gruppe auf Hundeschlitten drei Tage lang über den 800 Meter hohen Politiken-Gletscher. Kurz vor dem Scheitelpunkt machten wir eine Pause und schwatzten. Plötzlich wurde mir bewusst, dass ich langsam nach unten rutschte. Aber diesmal nicht in kaltes Wasser, sondern in eine bodenlose Gletscherspalte. Ich warf meine Kamera instinktiv in den Schnee und breitete die Arme aus. Sie hielten mich, aber aus eigener Kraft konnte ich mich nicht befreien. Neben mir stand Thomas aus dem Westerwald. Als erfahrener Notarzt erkannte er die Gefahr sofort, ging ohne Hast einen Schritt zurück und schrie laut um Hilfe. Helger, Apotheker aus Hannover, überblickte ebenfalls die brenzlige Situation und kam vorsichtig an meine Einsturzstelle heran. Ich fühlte nur, dass meine Beine im leeren Raum pendelten. Die beiden Männer hatten sich lang auf den Boden gelegt und packten mich an der Jacke. Schon waren drei Schlittenführer mit einem Seil zur Stelle, das sie mir um den Oberkörper legten. Dann sicherten sie Thomas und Helger. Ich wurde aus dem Schneeloch gezogen, sammelte meine Kamera wieder ein und wusste, dass ich keinen Schritt mehr unangeseilt in diesem Gelände gehen würde.

Unsere Polareskimos lachten wie immer aus vollem Herzen über diese Episode, und als wir Stunden später gemeinsam unter das über zwei Schlitten gezogene Zeltdach krochen, kicherten die Männer immer noch über meinen Fastabsturz. Als ich ihnen dann die Geschichte aus Ilulissat erzählte, schlugen sie sich vor Vergnügen auf die Schenkel und vergossen beim Lachen fast den kochendheißen Kakao, den wir um Mitternacht tranken.

Jetzt verstand ich die große Liebe von Knud Rasmussen zu diesen prächtigen Naturmenschen.

„Ich möchte ein Eskimomädchen fotografieren“ (1994)
und das mitten in Deutschland

Wir hatten uns schnell in die größte Insel der Erde verliebt und reisten immer wieder dorthin, alleine und auch mit unseren eigenen Fotogruppen. Bald hatten wir Grönland vom grünen Süden bis zum weißen Norden und auch vom bewohnten Westen bis zum menschenleeren Osten fotografiert, sodass wir dieses bunte und vielseitige Thema als Vortrag mit viel Technik anbieten konnten. Und prompt kam die Einladung vom grönländischen Fremdenverkehrsamt zu einer großen Deutschlandtournee, die wir 1994 durchführten. Mit dabei war auch der bekannte grönländische Popsänger Rasmus Lyberth. Er sang jeden Abend live zu meinen Eisbergbildern. Und die junge Aleqa, die fließend deutsch sprach, begrüßte unsere Zuschauer vor jedem Vortrag in ihrer überaus bunten Nationaltracht in Fellhosen, Seehundstiefeln und dem klassischen Glasperlentop.

Wir vier, Aleqa, Renate, Rasmus und ich, wurden schnell zu einem festen Team und hatten viel Spaß miteinander. Zur Tournee gehörte auch noch ein ganzer Tross aus Tourveranstaltern, die jeden Abend ihre Informationsstände auf- und abbauten. Sie bildeten ein zweites Team.

Da kam mir die Idee, Aleqa in ihrer so farbenprächtigen Grönlandtracht zu fotografieren. Aber nicht auf der Bühne, sondern vor blauem Himmel. Und da durften keine deutschen Zivilisationsspuren im Hintergrund erscheinen, keine Zäune und keine Telegrafendrähte, keine Brücken und keine Fabrikschornsteine. Es ist gar nicht so leicht, in unserer zugebauten Umgebung einen solchen Platz zu finden.

Nach unserer Veranstaltung in der Nürnberger Meistersingerhalle wohnten wir in einem Hotel in Tennenlohe, dicht an der Autobahn, kurz vor Erlangen. Es war November und das Wetter klar und trocken.

„Wenn es morgen auch so schön ist, möchte ich dich in deinem Grönlandoutfit fotografieren. Ich werde einen schönen Platz aussuchen.“

Lange vor dem Frühstück, so gegen sechs Uhr, fuhr ich langsam über die Landstraße Richtung Erlangen. Der Himmel war wolkenlos, aber die Sonne noch nicht aufgegangen. Da entdeckte ich links unten eine Wiese, die mir für mein Vorhaben ideal erschien. Ich drehte auf der Straße, parkte rechts auf dem Radweg und stieg in der allerersten Morgendäm-

Der grönländische Popsänger Rasmus Lyberth und das Eskimo-Mädchen Aleqa auf Deutschlandtournee.

merung die Böschung hinunter. Das war mein Platz für ein gutes Fotoshooting!

Plötzlich hörte ich oben auf der Straße Geräusche und erkannte ein Polizeiauto, das direkt hinter meinem VW-Bus stand. Zwei Beamte schienen mich im Visier zu haben. Sie hatten zwar keine Waffen in der Hand, aber eine starke Lampe.

„Dürfen wir mal fragen, was Sie so früh am Morgen da unten suchen?“

Ihr Ton hörte sich richtig streng und sehr förmlich an.

„Ich möchte ein Eskimomädchen fotografieren und suche einen Platz dafür.“

„Bevor Sie Ihr Eskimomädchen auf der Wiese fotografieren, dürfen Sie bei uns ins Röhrchen blasen. Haben Sie Ihre Papiere dabei?“

„Hab‘ ich, und das Eskimomädchen kann ich Ihnen auch zeigen. Es liegt nur einen Kilometer entfernt im Hotelbett.“

Nach diesem selbst für bayerische Verhältnisse seltsamen Wortwechsel kletterte ich die Böschung hoch und erklärte den verblüfften Polizisten den Sachverhalt. Ich musste nicht blasen und auch keine Papiere zeigen. Die Beamten lachten – aber nicht ganz so herzlich wie die Eskimos in Thule.

Ich fotografierte das Eskimomädchen nach dem Frühstück und konnte nicht ahnen, dass ich die spätere grönländische Familien- und Justizministerin Aleqa Hammond aufgenommen hatte.

„Reisen macht einen bescheiden.
Man erkennt, welch kleinen Platz
man in der Welt besetzt.“

Gustave Flaubert

Mein Gebet hat geholfen! (1997)

Panne mitten in der Sahara

Unser guter Freund Ali war in Sebha im Zentrum Libyens zu Hause. Wir planten mit ihm zusammen Fototouren in die Sahara, und Ali sollte dabei nicht nur die örtliche Führung übernehmen, sondern auch Tuareg-Karawanen mitten in den schönsten Dünen des Erg Ubari organisieren. Zusammen hatten wir die entsprechenden Plätze aufgesucht und festgelegt. Jetzt befanden wir uns mit Ali auf der „Heimfahrt" nach Tripolis. Von Sebha an die Küste sind es etwa 1.000 Kilometer.

Es war spät geworden und wir hatten erst die Hälfte des weiten Wüstenweges hinter uns. Da platzte ein Hinterreifen an Alis Auto. Nun ist es ja unter normalen Umständen kein Problem, einen Reifen zu wechseln – dachten wir drei! Ali hatte auch ein Ersatzrad im Kofferraum, aber leider war da kein Werkzeug und auch kein Wagenheber!

„Meine Tochter hat das Auto gestern gefahren und jetzt fehlt alles was wir brauchen – nichts ist da, wo es sein sollte!"

Alis Laune verfinsterte sich zusehends und er suchte verzweifelt weiter. Dabei flogen Kleiderbügel aus Plastik in weitem Bogen in den Wüstensand und Alis Flüche wechselten vom Englischen in seine Muttersprache Arabisch. Nach kurzer Zeit waren wir uns sicher: Wir können weder das Auto hochheben noch das Rad wechseln – und vor uns lagen weitere 500 Wüstenkilometer bis Tripolis.

Die Sonne stand nur noch eine Daumenbreite über dem Horizont. Die Dunkelheit würde rasch über die stille Wüste fallen – wir hatten weder Schlafsäcke noch Proviant, nur eine Flasche Wasser.

Da kam ein Auto aus dem Norden. Ali begann zu winken. Der Fahrer sah uns, reagierte aber nicht. Mit hoher Geschwindigkeit sauste er an uns vorbei nach Süden. Gleiches geschah mit den zweiten und auch mit dem dritten Auto!

„Das ist leider typisch für den Norden. Die Menschen aus der Stadt helfen ungern oder fürchten sich, weil sie eine Falle mit geplantem Überfall vermuten. Wir müssen warten, bis ein Auto aus dem Süden kommt, das hält garantiert. Ich kenne unsere Leute im Süden, da hilft jeder jedem. Die Wüste hat uns so erzogen."

Ali führt eine Tuareg-Gruppe durch den Wüstensand in Libyen und arrangiert so Fotomotive für Weyer-Gruppen.

In diesem Moment berührte die Sonne den Horizont und Ali entschuldigte sich:

„Es ist Gebetszeit, ich werde in drei Minuten wieder zurück sein." Mit dieser Bemerkung verschwand Ali in der Wüste, um hinter einem Felsen gen Mekka zu beten.

Genau in dem Moment tauchte das erste Auto aus dem Süden kommend auf und näherte sich schnell. Ich übergab Renate das Kommando: „Bitte stell du dich an die Straße und stoppe den Fahrer. Ich verschwinde ebenfalls hinter dem Felsen."

Renate, blond und schlank, schwenkte Arm und Daumen – und das fremde Auto bremste ab und hielt.

Ali war mit seinem Gebet fertig und kam mit mir zusammen zurück zur Straße. Er strahlte über unseren Erfolg: „Toll, mein Gebet hat geholfen. Wir bekommen Hilfe!"

„Nein, Ali, nicht dein Gebet, meine blonde Frau hat geholfen. Es ist alleine ihr Erfolg!"

Wir alle lachten und staunten nicht schlecht, dass wir in der anbrechenden Nacht einen Bodyguard von Präsident Muammar al-Gaddafi gestoppt hatten. Der kam zwar auch aus dem Norden, aus Tripolis, aber er hatte wie selbstverständlich gehalten und schwenkte schon nach einer Minute seinen Wagenheber und einen Kreuzschlüssel.

Um Mitternacht erreichten wir wohlbehalten Tripolis. Mit Ali haben wir noch viele wunderschöne Fototouren organisiert. Erst nach Gaddafis Tod und dem Verfall seines Landes haben wir diesen rechtschaffenen Freund aus der Wüste leider aus den Augen verloren, nicht aber aus unserer Erinnerung.

„Eine Reise ist ein Trunk
aus der Quelle des Lebens."

Christian Friedrich Hebbel

Tod am Kilimanjaro (1998)

Im Würgegriff der Bürokratie

„Ich erinnere mich an eine klare, windstille Nacht, die mich aus dem Zelt trieb. Das sanfte Licht ließ die Ebene und die Seen erkennen, nahm ihnen aber die Einzelheiten des Tages und hüllte sie in einen Mantel traumhafter Unwirklichkeit. Auf dem dunklen Himmel wetteiferte das Kreuz des Südens mit dem vollen Mond."

So poetisch hat der Forscher und Schriftsteller Herbert Tichy eine erlebte Nacht auf dem höchsten Gipfel Afrikas in einem Vorwort für mein Buch „Kilimanjaro" beschrieben. Ich hatte Herbert Tichy in Wien von meiner ersten Kilimanjaro-Besteigung erzählt, und er schwärmte nicht nur von Afrika, seinen Menschen und Tieren, sondern vor allem von dieser ganz besonderen Nacht auf dem Kraterrand des höchsten Berges des Kontinents. Diese Schwärmerei von einem Mann, der so großartig von seinen Abenteuern in aller Welt erzählen und schreiben konnte, setzte sich in meinem Kopf fest. Ich wollte eine Reisegruppe nicht nur zum Gipfel des Kilimanjaro führen, wir wollten auch auf dem „Dach Afrikas" in Zelten übernachten.

Mein Sohn Hardy begleitete mich. Er hatte eine Woche zuvor eine Gruppe des deutschen Reiseveranstalters Ikarus auf den Kilimanjaro geführt und war deshalb bestens akklimatisiert.

Den Kilimanjaro mit seinen knapp 6.000 Höhenmetern kann man auf der sogenannten Normalroute – auch „Coca-Cola-Route" genannt – über die Hütten Mandara und Horombo in nur vier Tagen besteigen. Dabei erreichen viele Bergsteiger den Gipfel gar nicht oder mit starken Kopfschmerzen, weil sie zu schnell in die große Höhe geklettert sind.

Aus diesem Grund habe ich mit Gruppen auf dieser Route immer zwei Übernachten auf der Horombo-Hütte eingeplant und an dem zusätzlichen Tag eine Eingehtour bis auf 5.000 Meter Höhe durchgeführt. Um sich an extreme Höhen zu gewöhnen, sollte man am Tag möglichst hoch steigen und zur Nacht wieder runtergehen.

Ich plante deshalb 1998 einen achttägigen, sehr langsamen Aufstieg über das weite Shira Plateau und hatte als Bergführer Zablon und Simon von der bergerfahrenen Agentur Nature Discovery angeheuert. Die beiden Männer hatten viele Jahre lang in der Bergrettung des Nationalparks

Der höchste Berg Afrikas ist mit 5.895 Metern ein Vulkan, dessen eisbedeckter Krater spannender ist als sein Gipfel. Hier befinden sich Helfried Weyer und der Bergführer Zablon im Kibo-Krater.

Kilimanjaro gearbeitet und waren mit mir zusammen bereits zweimal auf den Gipfel gestiegen. Wir waren also ein gut eingespieltes Führungsteam.

Unsere Reisegruppe bestand aus 16 Personen. Günther Schäuffele aus Stuttgart hatte mit mir schon drei Jahre vorher auf dem Kilimanjaro gestanden und freute sich jetzt riesig auf die Nächte im Krater.

Der Januar ist normalerweise ein sehr trockener Monat am Kilimanjaro. Jeder Bergsteiger kann da mit blauem Himmel und stabilem Wetter rechnen. Normalerweise! 1998 war alles anders. Verheerende Niederschläge hatten große Teile Tansanias und Kenias überschwemmt, Wege und Pisten unpassierbar gemacht und dem Kilimanjaro eine dicke, weiße Schneehaube aufgesetzt.

Wir begannen unseren Aufstieg in dem winzigen Dorf Londorossi – im Regen. Aber an diesem Berg führen sowieso alle Wege zum Gipfel zunächst einmal zwei oder drei Tage lang durch tropischen Regenwald und meistens erst danach in einen tiefblauen Himmel voller Sonnenschein hinein. Der Weg war aufgeweicht und rutschig. Wir gingen langsam – „Pole, Pole", sagen die Führer und Träger in Tansania – und legten immer wieder Rasten ein. So auch auf einer 2.500 Meter hoch gelegenen Wiese, auf der die schönsten Wildblumen blühten, die wir fotografieren wollten. Seit Londorossi waren wir erst 250 Meter hoch gestiegen. Unsere Gruppe zog nach der kurzen Pause weiter. Mit dem Arzt Thomas Schmitt aus dem Westerwald bildete ich den Schluss. Wir packten unsere Kameras im Regen zusammen und gingen über die nasse Wiese zurück zum Weg. Da kam mein Sohn Hardy von oben heruntergestürzt und rief aufgeregt:

„Papa, da vorne ist einer umgekippt."

„Wer und wie weit von hier?"

„Das weiß ich nicht. Es sind nur 300 Meter, vielleicht 400. Zablon ist bei ihm. Ich bin gleich losgerannt ohne zu sehen, wer es ist!"

Wir drei rannten den Pfad nach oben und sahen Günther Schäuffele im Gras liegen. Eben hatte er mit uns noch Blumen fotografiert, dann seine Leica eingepackt. Günthers letzte Worte klangen mir noch in den Ohren:

„Die Blumen hier sind wunderschön. Aber ich geh‘ schon mal. Ich möchte den Anschluss nicht abreißen lassen."

Genau das sagte der Mann aus Stuttgart – und nun lag Günther neben dem Weg und war tot. Einfach tot!

Zablon hatte auf ihn gewartet und konnte uns bestätigen, dass Günther nichts mehr gesagt hatte, keine Klage, kein Schmerzensschrei, nichts. Er war völlig lautlos umgefallen.

Dr. Thomas Schmitt, ein sehr erfahrener Notarzt, bestätigte den Herzstillstand um 16.10 Uhr. Unsere sofort eingeleiteten Wiederbelebungsversuche, Herzmassagen und Mund-zu-Mund-Beatmung, blieben ohne Erfolg.

Von diesem Moment an wurde unsere Traumreise zur Übernachtung im Krater, die Herbert Tichy so schön geschildert hatte, – zumindest für mich – zu einem Alptraum-Trip, wie ich ihn vorher und nachher auf meinen vielen Fahrten nie mehr erlebt habe.

Gott sei Dank hatte ich bis zu diesem Zeitpunkt mit Todesfällen unterwegs nur wenig Erfahrung. Jetzt galt es, Dinge zu regeln, die für mich völlig neu waren. Eine Situation, die ich keinem anderen Reiseleiter wünsche.

Zunächst gab es keine Zeit zur Trauer. Ich musste blitzschnelle Entscheidungen treffen, denn meine Gruppe war ja auf dem Weg zum ersten Lagerplatz, und der Regen wollte einfach nicht aufhören.

Von dem Todesfall hatten die anderen Tourteilnehmer noch gar nichts mitbekommen. Wir brauchten aber aus unserer Mannschaft Träger für den Abtransport der Leiche ins Tal und aus dem Gruppengepäck den sogenannten Überlebenssack. Das war ein schlafsackartiges Gebilde, in dem wir höhenkranke Patienten transportieren und auch heilen konnten. Im geschlossenen Sack kann ein künstlicher Luftdruck aufgebaut werden, der tieferen Lagen entspricht. In diesem Sack wollten wir den toten Günther Schäuffele hinuntertragen.

Solange der Arzt noch bei uns war, leerte ich in seinem Beisein alle Taschen des Toten. Gegenstände und Geldbeträge in drei Währungen wurden in eine Liste geschrieben. Dann schickte ich Hardy zusammen mit Dr. Thomas Schmitt nach oben zur Gruppe mit der Anweisung, uns acht Träger für den Leichentransport zu schicken. Hardy sollte zusammen mit Simon die Leitung des Aufstiegs übernehmen. Simon hatte den Kilimanjaro fast hundertmal bestiegen und Hardy ebenfalls mehrfach.

Zablon und ich begannen Äste zu schlagen, aus denen wir eine Tragbahre bauen wollten. Günther war ein großer und schwerer Mann und wog etwa 100 Kilogramm. Eine Stunde später erschienen die Träger und sie brachten auch den betreffenden Sack mit, in den wir Günther betteten. Die runde Glasscheibe vor dem Gesicht des Toten verklebte ich mit Stoff sodass wir nicht mehr durchsehen konnten.

In meinem Gepäck waren Reepschnüre, die wir jetzt für den Bau der Bahre dringend brauchten.

Als sich unser Zug mit der schweren Last endlich in Bewegung setzte, war die Dunkelheit bereits über uns hereingebrochen. Zablon und ich benutzten Stirnlampen. Der Regen wurde stärker. Die Träger leisteten großartige Arbeit, obwohl sie mehr rutschten als gingen, sich immer wieder an Ästen festhalten mussten und alle 15 Minuten ihre Last ablegten, um zu verschnaufen. Zablon ging vorne durch die Dunkelheit und suchte mit der Lampe einen möglichen Weg, dann folgten die Träger ohne Licht und ich bildete die Nachhut.

Bei der zweiten Rast entschied Zablon, dass ich vorausgehen solle. Er wollte einen Träger mit einer Nachricht und einem Hilferuf zum Parkeingang schicken und selbst dessen Platz an der Bahre einnehmen. Der Mann verschwand schon Minuten später vor uns in der rabenschwarzen Nacht. Wie er da einen Weg finden sollte, war mir schleierhaft.

„Zablon, unsere acht Totenträger werden morgen oben fehlen. Wie kriegen wir das hin?"

„Simon wird improvisieren und die Lasten auf weniger Männer verteilen. Außerdem schicke ich die Träger morgen früh wieder nach oben, die können ohne Gepäck leicht an einem Tag bis Lager II aufsteigen. Mach dir darüber keine Gedanken, wir werden genug andere Probleme bekommen."

Es war beruhigend, einen Mann mit kühlem Kopf an meiner Seite zu wissen, der hier mitten in der Nacht wohlüberlegt und logisch dachte.

Ich selbst war mit Zablon und Simon vor Jahren einen ganzen Tag lang im Eis des Kilimanjaro-Kraters herumgeklettert. Dann kam die Dunkelheit und wir stiegen trotzdem noch bis zur Horombo-Hütte ab. Mein Sohn Hardy war mit den beiden Bergführern sogar einmal an einem einzigen Tag vom Krater, in dem sie übernachtet hatten, bis Marangu abgestiegen. Eine unglaubliche Leistung!

Der Weg nach unten wurde immer schwerer begehbar. Wir alle waren bis auf die Haut durchnässt, und unsere Träger rutschten und stolperten und tasteten sich durch wahre Wasserfluten, durch Schlamm und

Gebüsch. Aber wir konnten kein Lager aufschlagen, denn hier gab es kein ebenes Plätzchen und wir hatten auch keine Zelte. Langsam meldete sich Hunger an, aber wir registrierten das nicht wirklich. Es war auch unwichtig geworden. Unsere nächtliche Karawane war total verdreckt. Aber niemand murrte, weder Zablon noch die Träger, deren Weiß in ihren Augen gespenstisch aufleuchtete, wenn das Licht meiner Stirnlampe ihre von Wasser und Schweiß glänzenden Gesichter traf.

Die Konzentration auf jeden Schritt fiel mir schwer, denn in meinem Kopf hämmerte es, die Gedanken überschlugen sich. Vor vielen Jahren hatte ich schon einmal einen Todesfall während einer Fotoreise. Das war in der Wüste Sinai beim frühen Aufstieg zum Gipfel des Mosesberges. Damals gehörte der Sinai noch zu Israel und die Armee schickte Soldaten zum Abtransport der Leiche und schaltete unsere deutsche Botschaft in Tel Aviv ein. Die kümmerte sich um alle Formalitäten und ich konnte weiter bei der Gruppe bleiben. Aber hier geschah das Unglück im tiefsten Afrika. Da war keine verlässliche Armee, kaum Infrastruktur und die Botschaft im fernen Daressalam musste ich schon selbst informieren. Aber vorher galt es, die Familie von Günther in Stuttgart zu benachrichtigen. Nein, ich würde Renate bitten, das zu tun. All diese Dinge kreisten mir durch den Schädel und ließen mich Hunger, Durst und Müdigkeit völlig vergessen.

Irgendwann glaubten wir, es gehe nicht mehr weiter. Wir waren total erschöpft, konnten uns aber weder setzen noch hinlegen. Da musste ich an eine Eskimo-Weisheit denken, die ich in Grönland gelernt hatte:

„Wenn du glaubst, du schaffst keinen Schritt mehr, dann reiß dich zusammen. In Wahrheit kannst du dann noch einmal so weit gehen, wie du an dem Tag bereits gegangen bist!"

Um Mitternacht erreichten wir eine kleine Waldlichtung und rochen Feuer. Vor uns tauchte eine Holzhütte auf und aus dem Schindeldach schien Rauch zu kommen. Genaues war in der Dunkelheit nicht zu erkennen.

Zablon klopfte, aber es kam keine Antwort. Zablon klopfte lauter und länger, doch drinnen blieb es weiterhin still.

Dann begann Zablon zu sprechen und zu erklären, wer wir waren, und dass wir einen Toten durch die Nacht tragen würden. Da endlich kam Antwort aus der Hütte. Ein schwerer Holzriegel wurde von innen verschoben und die Tür eine Handbreit geöffnet. Ich sah schwachen Feuerschein und eine alte Frau, die in der Glut zu stochern begann. Ihr Mann hatte nun die Tür weiter aufgedrückt und entschuldigte sich bei Zablon, dass sie auf sein Klopfen nicht reagiert hatten.

„Wir haben uns gefürchtet. Mitten in der Nacht können hier im Wald doch nur Räuber vorbeikommen."

Zablon schob mich in den völlig verräucherten Raum und nach mir alle Träger. Sie hatten ihre schwere Last neben der Hütte abgelegt.

„Hier drin ist es trocken und warm, die Frau wird Tee kochen und vier Eier braten. Mehr hat sie nicht. Ich bleibe draußen bei Günther. Hier gibt es viele wilde Tiere, die nachts unterwegs sind, sogar Leoparden."

Meine Hilfe bei der Totenwache lehnte Zablon ab.

Nie hat mir ein Becher heißer Tee besser geschmeckt und bei vier Eiern für neun Männer bekam jeder nur einen guten Löffel voll. Das war herrlich!

Die Träger konnten viel besser auf der Erde sitzen als ich. Die Frau schien das zu bemerken oder zu ahnen. Sie lächelte und zeigte auf ihr eigenes Lager an der Wand. Sie forderte mich auf, es zu benutzen. Nach wenigen Minuten schlief ich ein.

Es war noch dunkel, als mich Stimmen draußen vor der Hütte weckten. Ich reckte mich auf meinem Lager, eine schwarze Hand hielt mir einen Becher Tee entgegen. Unser Läufer war mit einem Parkranger zurückgekommen. Sie wollten uns mit dem Landrover abholen, aber der war sechs Kilometer von hier hoffnungslos im Schlamm steckengeblieben. Unser Läufer hatte einen Topf mit gekochten Pellkartoffeln und etwas trockenes Brot mitgebracht. Großartig war dieses karge Frühstück nach so einem Marsch und der kurzen Nacht im Rauch der gastfreundlichen Hütte.

Wir mussten Günther also noch sechs Kilometer weit auf überfluteten Wegen tragen. Dann erreichten wir den Landrover der Parkverwaltung, schoben das Auto gemeinsam aus dem Dreck und fanden zusammen mit unsrem Toten einen Platz auf der Pritsche.

Der Regen hatte endlich aufgehört. Der Wald dampfte und kochte wie in den ersten Schöpfungstagen aus der Genesis.

Am Gate zum Nationalpark bekamen wir ein richtiges zweites Frühstück und den Auftrag, die Leiche zum „Kilimanjaro Christian Medical

Der Gipfelaufbau des Kilimanjaro. Die höchste Erhebung ist oben rechts zu sehen. Die Aufstiegsroute ist technisch nicht schwer, aber die beachtliche Höhe bereitet vielen Bergsteigern große Schwierigkeiten.

Ihr Fehler: Sie steigen zu schnell in die extreme Höhe
und scheitern dann an Kopfschmerzen und Höhenkrankheit.
Mein Tipp: Zwei Nächte auf der Horombohütte bleiben!

Centre“ in Moshi zu bringen. Das schreibe die Regel so vor und dort würde man sich um den Toten kümmern. Trotzdem musste ich hier am Gate einen ersten Bericht in die Schreibmaschine der Parkranger diktieren. Leider gab es in diesem ersten offiziellen Büro, das wir erreicht hatten, kein Telefon und auch kein Funkgerät.

In Londorossi passierten wir einen sehr bescheidenen Markt. Ich ließ halten und kaufte zwanzig Eier. Der Händler versprach, sie noch heute zu der einsamen Waldhütte zu schicken, in der wir die für uns nur kurze Nacht verbracht hatten.

In dem winzigen Dorf Sanya Juu kamen wir zum ersten Polizeiposten und ich musste dort meinen zweiten Report über die Vorfälle am Berg abgeben. Erst am späten Nachmittag gegen 17 Uhr fuhr unser Auto durch das Tor des KICMC-Krankenhauses in Moshi, wo Günther in die Pathologie gebracht wurde.

Im Büro der überaus freundlichen Ärztin Dr. Swai fand ich das erste Telefon und konnte endlich unsere lokale Agentur Nature Discovery in Arusha anrufen. Eric Christ, der Manager, war nur eine Minute lang geschockt und ging dann zur sachlichen Tagesordnung über.

„Ich werde sofort deinen Reiseveranstalter Ikarus in Deutschland informieren und auch deine Botschaft in Daressalam. Wir schicken euch ein Auto und ich möchte, dass wir uns heute Abend noch im Hotel treffen. Zablon muss auch dabei sein. Er wird morgen früh wieder auf den Berg gehen, er muss die Gruppe unbedingt einholen.“

Armer Zablon, zum Ausschlafen blieb da keine Zeit!

Im Novotel Mount Meru in Arusha konnte ich Renate anrufen und sie mit der so schweren Aufgabe beauftragen, Familie Schäuffele zu benachrichtigen. Der offizielle Dienstweg wäre ein anderer gewesen:

Die deutsche Botschaft ruft die Polizei in Stuttgart an und die schicken dann zwei Beamte mit der Unglücksnachricht zur betreffenden Familie.

Nach einer kurzen und sehr sachlichen Besprechung wartete erst einmal ein bequemes Hotelbett auf mich. Aber trotz totaler Übermüdung wollte sich kein Schlaf einstellen. Meine Gedanken drehten sich weiter um den Todesfall und gleichzeitig um meine Gruppe, die da oben irgendwo durch Schneemassen wanderte.

Am nächsten Morgen rief ich die Deutsche Botschaft in Daressalam an und landete bei einer Agnes Brinkmann. Die Frau war ausgesprochen hilfsbereit, hatte von Eric Christ bereits von dem Todesfall gehört und klärte mich über alle nächsten Schritte auf.

Frau Brinkmann fragte nach der Größe des Verstorbenen, und als ich 1,80 Meter angab, bedauerte sie. In der Botschaft hatte man nur einen Zinksarg für eine Person, die nicht größer als 1,70 Meter sein durfte. Ich musste mich also selbst um einen größeren Zinksarg kümmern. Dann sollte ich mit dem Totenschein und mit Günthers Pass nach Daressalam kommen. Nur die Botschaft könne einen Totenpass ausstellen, ohne den weder die Rückführung einer Urne noch einer Leiche möglich sei.

Mir brummte wieder der Kopf. Renate schickte ein Fax, dass eine Urnenrückführung für die Familie nicht in Frage käme. Ich musste also die Zinksarglösung organisieren. Für den Nachmittag buchte ich einen Flug nach Daressalam und bat in einem erneuten Anruf Frau Brinkmann, für mich ein Hotelzimmer zu reservieren. Dann holte mich Eric ab und wir fuhren zum KLM Büro, um dort den Flug nach Stuttgart zu buchen. Das war nicht so einfach, denn die KLM konnte einen Sarg nur bis Amsterdam befördern, mit den kleinen Flugzeugen von Eurowings aber nicht weiter nach Stuttgart. Und in Amsterdam, so hörten wir, gäbe es am Airport keine Lagerungsmöglichkeiten für eine Leiche. Für eine Buchung brauchte die KLM eine schriftliche Bestätigung, dass bei der Landung in Amsterdam ein Beerdigungsunternehmer aus Stuttgart zur Stelle sei.

Also rief ich wieder Renate an und bat um ein diesbezügliches Fax.

Eric telefonierte inzwischen mit verschiedenen Schreinern und kümmerte sich um den Zinksarg.

Nach all diesen aufreibenden Gesprächen sausten wir los nach Moshi. Dort musste ich in der Pathologie Günther vor Zeugen identifizieren und bekam von Dr. Swai gegen Quittung seinen Ehering. Ich brauchte noch einen Totenschein und für die KLM eine spezielle Transportgenehmigung (Embalming Certificate for Airlift). Dieses Papier sollte ich mir auf dem Standesamt in Moshi abholen. Aber der Beamte verweigerte mir den notwendigen Stempel mit der Begründung, Schäuffele schreibe sich mit ä, und diesen Buchstaben habe er nicht auf seiner Maschine. Meinen Einwand, er könne daraus ein ae machen, ignorierte der Mann.

Ich nahm mir fest vor, nie in Afrika zu sterben, und sauste zurück zu Dr. Swai. Die Ärztin lachte nur und meinte:

„Aber Herr Weyer, Sie sind doch nicht zum ersten Mal in Afrika. Solche Spielchen sollten Sie längst kennen. Fahren Sie zurück zum Standesamt, drücken Sie dem Mann 100 Dollar in die Hand, dann bekommen Sie auch das abgestempelte Papier."

Richtig, ich hatte die afrikanische Realität in der Aufregung und meiner Übermüdung ganz vergessen.

Um 16 Uhr lieferte mich Eric am Airport Arusha ab. Anschließend fuhr er weiter zum Schreiner, um nach dem Zinksarg zu schauen. Bei meinem Flug gab es einen Zwischenstopp in Sansibar und dabei platzte ein Reifen. Ersatz musste aus Daressalam eingeflogen werden. Kurz vor Mitternacht erreichte ich in strömendem Regen mein Hotel. Da gab es sogar einen Nachtservice, und ich konnte noch ein Sandwich und eine Flasche Bier bestellen. Ans Essen hatten Eric und ich an diesem Tag nicht gedacht – man kann dieses Bedürfnis bei Stress einfach vergessen.

Am kommenden Morgen war ich ganz nach preußischer Tugend pünktlich um acht Uhr in der Deutschen Botschaft und lernte Agnes Brinkmann nun auch persönlich kennen.

„Es tut mir leid, wir können den Leichenpass erst am Nachmittag ausstellen. Am Vormittag ist Mitarbeiterbesprechung beim Botschafter und da müssen wir alle hin."

Bisher hatte ich immer versucht, Ruhe zu bewahren, jetzt aber platzte mir erstmals der Kragen, denn ich hatte für 14 Uhr den Rückflug nach Arusha gebucht.

„Liebe Frau Brinkmann, ich werde meinen Flug nicht verschieben, nur weil hier eine Mitarbeiterbesprechung stattfindet. Sie alle werden von unseren Steuern bezahlt, aber nicht für Meetings, sondern auch um Deutschen im Ausland zu helfen!"

Ich hatte sehr heftig gesprochen und Frau Brinkmann fuhr etwas zusammen. Ich schilderte ihr kurz meine letzten beide Tage und erklärte, dass auch meine Nerven irgendwann am Ende sind.

Frau Brinkmann hörte zu und erbarmte sich:

„Ich werde den Leichenpass ausstellen und dafür einen Rüffel vom Botschafter in Kauf nehmen. Warten Sie bitte eine Stunde, dann ist die Sache erledigt."

Es war eine gute Erfahrung, zu erleben, dass es auch in der deutschen Bürokratie Menschlichkeit gab.

Zurück in Arusha erwarteten mich die nächsten Hiobsbotschaften im Hotelzimmer. Die KLM hatte kein Fax bekommen und bestand darauf, dass ich den Sarg bis Amsterdam begleiten müsse. Und eine andere Nachricht betraf unsere Gruppe am Berg: Etwa 800 Meter unterhalb des Gipfels hatten sich Simon, Hardy und die anderen durch meterhohen Neuschnee wühlen müssen und dann die Besteigung aufgegeben. Sie befanden sich, laut einem Funkspruch der Parkverwaltung, im Abstieg.

Das Wetter war inzwischen so schlimm geworden, dass Kenia und Tansania den Notstand ausgerufen hatten. Weite Teile des Landes standen aufgrund der ungewöhnlich hohen Niederschläge unter Wasser.

Zusammen mit Eric erarbeitete ich ein Notprogramm für die noch verbleibenden Tage meiner Fotogruppe. Wir wollten sie auf die Momela Lodge schicken, die einst Hardy Krüger an einem der schönsten Orte Afrikas gebaut hatte. Dort konnte man auf Safari gehen – oder sich einfach nur ausruhen. Eric schickte sofort einen Bus nach Marangu. Dort, am Anfang bzw. Ende der „Coca-Cola-Route", erwarteten wir die gescheiterten Kletterer. Immerhin hatten sie eine große Überschreitung des Kilimanjaro hinter sich, leider ohne Gipfelerfolg.

Als die KLM-Maschine abhob, durchbrach das Flugzeug schon nach wenigen Minuten die tiefhängenden Wolken und ich sah den Gipfel des Kilimanjaro in der Abendsonne leuchten – unendlich hoch und weit und weiß. Ich saß am Fenster und hätte viel darum gegeben, wenn mein toter Freund Günther diesen wunderschön verschneiten Berg auch noch einmal hätte sehen können.

Herbert Tichy hat seine Beziehung zum Kilimanjaro eine Freundschaft genannt und dann sogar von einer richtigen Liebesbeziehung gesprochen.

Ähnlich ging es wohl auch Günther Schäuffele. Er liebte den weißen Berg in Afrika, und wenn er gewusst hätte, dass er dort seinen frühen Tod finden würde, völlig ohne Schmerzen und Qualen, wäre vielleicht ein Lächeln über seine Lippen geflogen.

Wo zum Teufel haben Sie diese Frau gefunden? (2016)

Wer macht schon pausenlos Extremtouren mit?

Seit vielen Jahren zeigen wir unsere Dia-Vorträge auch regelmäßig beim VDI (Verein Deutscher Ingenieure) in Trier in der dortigen Universität. Nun hatten wir für das Jahr 2016 ein ganz neues Thema aus unseren älteren Präsentationen zusammengestellt: „Die schönsten Wanderungen auf Erden." Dabei geht es um Wege und Ziele, die nur zu Fuß erreichbar sind, denn schon Johann Wolfgang von Goethe wusste: „Nur wo du zu Fuß warst, bist du auch wirklich gewesen." Und die englische Schriftstellerin Elisabeth von Armin hat vor 100 Jahren sehr treffend geschrieben: „Wandern ist die vollkommenste Art der Fortbewegung, wenn man das wahre Leben erkennen will."

Ich glaube wirklich, dass ein Wanderer mehr sieht als ein Radfahrer. Und der wiederum sieht mehr als ein Autofahrer.

„Wer glaubt", schreibt der deutsche Schriftsteller Alija Trojanow in unseren Tagen, „man sieht alleine mit den Augen, der irrt. Wer ausschreitet, der lernt mit dem ganzen Körper zu sehen. Du schärfst den Blick. Nichts entgeht der eigenen Aufmerksamkeit; jeder Stein, jede Pflanze wird zu einem Gesprächsangebot."

Gehen ist immer eine Reise aus der Welt, die wir geschaffen haben, in die Welt, die uns geschaffen hat!

In diesem neuen Beamer-Vortrag (wir haben unsere analogen Diapositive selbst eingescannt) stellen wir die klassischen Pilgerwege Jakobsweg und Olavsweg vor, eine Wanderung in der Sahara zu den schönsten Felsbildern im Tassili, die Besteigung des Kilimanjaro zusammen mit einheimischen Trägern, eine Winterwanderung durch den Grand Canyon, das Trekking zum Basislager des Mount Everest, die Umrundung des Mount Kailash zusammen mit tibetischen Pilgern – der Kailash gilt als heiligster Berg auf Erden –, Wanderungen zu Vulkanen auf Galapagos und in Neuseeland und schließlich den wunderschönen Küstenweg rund um Rügen.

Da die Mehrzahl unserer Vortragsbesucher Auto-, Flug- oder Schiffsreisende sind, staunten sie, was man so alles zu Fuß machen kann – und das nicht nur vor der eigenen Haustür.

Unser Zelt steht in Westtibet 4000m hoch.
Dort fallen die Temperaturen nachts auf minus 12 Grad.

Dieser neue Vortrag wurde mit begeistertem Applaus aufgenommen – und dann folgten Fragen der Besucher. Ich dachte, die wollen jetzt bestimmt wissen, wie man zum Kailash kommt, oder ob eine Wanderung mitten in der Sahara heute noch sicher sei? Weit gefehlt!

Die erste Frage lautete:

„Mich interessiert, wo und wie zum Teufel haben Sie so eine Frau gefunden, die das alles so mitmacht und wegsteckt?“ Es folgte ein deutlich hörbares Raunen im gesamten Auditorium. Viele wollten das anscheinend auch wissen.

Über diese Frage war ich zunächst verblüfft. Aber im nächsten Moment stand Renate neben mir und übernahm lachend das Mikrofon:

„Sie haben nach mir gefragt, deshalb möchte ich auch antworten. Mein Mann kam 1978 mit einem Islandvortrag in das Kurhaus Bad Reichenhall. Ich war damals junge Chefsekretärin in der dortigen Sparkasse. Mein Mann zeigte nicht nur tolle Islandbilder, er bot nach der Veranstaltung auch eine Foto-Reise für 1979 nach Island an. Teilnehmer konnten sogar eine umfangreiche LEICA-Ausrüstung für diese Tour kostenlos ausleihen. Ich selbst fühlte mich nicht als anspruchsvoller Fotoamateur. Aber ich war ausgemachter Island-Fan, dort hatte schließlich Jules Verne den Mittelpunkt der Erde gefunden.

Also buchte ich die Fotoreise und flog mit 14 ambitionierten Fotografen und einer LEICA, die ich noch gar nicht bedienen konnte, zu meiner Trauminsel an den Polarkreis. Und dort überlegte ich weiter: Die Reise ist toll, aber für mein Sekretärinnengehalt eigentlich zu teuer – könnte man solche Touren nicht preiswerter haben? Vielleicht, wenn man sich mit dem Reiseleiter zusammentut? Und dann stellte ich schnell fest, dass dieser Helfried Weyer (der gerade braun gebrannt von einer Nanga Parbat-Expedition zurück gekommen war) eine Sekretärin für all seine Aktivitäten braucht. Das alles schien mir spannender zu sein als ein Sekretariat in der Sparkasse. Genügt ihnen diese Antwort, oder soll ich ausführlicher werden?“

Der Frager und alle anderen Besucher waren zufrieden und baten um einen neuen Dia-Vortrag für 2017.

Athos – das letzte Geheimnis für Weltreisende (2017)

„Abseits von den Heerstraßen der modernen Ruhelosigkeit, von der Natur zum Fluchtgebiet echter Gottsucher wie geschaffen, nahezu unberührt geblieben sogar von der alles mitreißenden Sturmflut der beiden Weltkriege, liegt diese Insel des Friedens, von einem Kranz wuchernder Legenden umrankt, vom Zauber des Geheimnisvollen umwittert, von einem ewig blauen Himmel überstrahlt, träumerisch inmitten einer immer noch von politischen Leidenschaften aufgewühlten, ruhelos kämpfenden Welt; ein Märchentraum wunder Seelen in den wildbewegten Wirren unserer Zeit."

So hat der Münchener Professor Franz Dölger den Athos beschrieben. Treffender geht es wohl nicht.

Vor sieben Jahren traf ich auf dem norwegischen Olavsweg den irischen Pilger Trevor. Der Mann war alleine unterwegs und erzählte, dass er schon alle wichtigen Pilgerziele besucht habe – nur der Olavsweg sei für ihn neu.

„Jakobsweg?" – „Natürlich! Alle Jakobswege!"

„Rom?" – „Selbstverständlich bin ich auch nach Rom gepilgert!"

„Jerusalem?" – „Auch Jerusalem. Da war ich ein Jahr lang unterwegs."

„Und was ist mit Athos?" – „Sogar Athos. Das ist der Gipfel aller Pilgerreisen!"

„Warum? Erzähle!"

Und Trevor erzählte und konnte gar nicht mehr aufhören. Nach diesem zufälligen Treffen hoch im Norden übernachteten wir gemeinsam in der Herberge Toftemo, und Trevor schwärmte weiter bis in den späten Abend von einem ewig blauen Himmel, vom Ruhe ausstrahlenden und die Seele balsamierenden Mittelmeer der Ägäis, vom Blumenduft auf Bergen und in Tälern und den Weihrauchgerüchen in den Klöstern.

„Auf Athos betrittst du eine uns völlig fremde Welt und bist plötzlich im Mittelalter – und doch in unserer Gegenwart. Du erlebst einen „Kulturschutzpark" der östlichen Christenheit und wanderst abseits unserer permanenten Jagd nach mehr Konsum, nach immer mehr Besitz und größerem Reichtum. Du erlebst eine Welt ohne Terror, ohne Krieg – obwohl in allen Ecken der Welt geschossen und getötet wird. Und du triffst Mönche vieler Nationen, die besitzlos sind und doch – so schien es mir – zufriedener und glücklicher als die Menschen in unserer Überflussgesellschaft. Stellt euch vor, da wird ein Athos-Mönch von einem Pilger zu einem Glas Wein eingeladen und der lehnt mit den Worten ab: Wasser reicht mir! Ich bin auch ohne Wein glücklich, weil ich Jesus in mir hab. Warum braucht ihr Wein? Seid ihr unglücklich? Ihr habt doch fast alles!"

Ich wusste vor dieser Begegnung mit Trevor vom Athos, aber seine Erzählung hat mich nicht mehr losgelassen. Während ich die ganze Welt bereist habe, wurde Athos immer ausgeklammert – weil man ein Visum irgendwo in Griechenland beantragen musste und dann einen Termin für nur drei Tage zugewiesen bekam. Und weil man möglichst eine Einladung von einem Kloster brauchte und die Empfehlung des deutschen Konsulates in Thessaloniki. Zur Jahrtausendwende war es noch so: Die Einreise – nur für Männer über 18 Jahre – war streng reglementiert und wurde täglich nur zehn Nichtorthodoxen für jeweils drei Tage gewährt. Und dann war da noch ein weiterer Punkt: Fast alle meine Reisen habe ich zusammen mit meiner Frau Renate durchgeführt, Athos geht aber nur alleine, Frauen dürfen dort seit 1.000 Jahren nicht hin! Die Athos-Mönche akzeptieren nur eine Frau, und das ist Maria. Bis heute dürfen sich Frauen nur bis auf 500 Meter nähern – keinen Meter dichter, sonst kommt sofort die griechische Küstenwache und das wird teuer. Es werden Sofortstrafen von 500 Euro und mehr verhängt!

Das alles hatte mich von diesem Ziel abgehalten – aber nun die Schwärmerei von Trevor. Schließlich sagte Renate nur: „Geh. Geh zum Athos und erzähle mir!"

Im Juni 2017 fiel der Startschuss. Auf dem Weg zum Hamburger Bahnhof – ich wollte mit dem Zug nach Frankfurt zum Flughafen fahren – läuft mir zufällig der aus Buxtehude stammende Pilgerpastor Bernd Lohse über den Weg. Er sieht mich mit meinem vollen Rucksack und fragt spontan: „Bist du auf dem Weg nach Norwegen – zum Olavsweg?"

„Nein, entgegengesetzt. Ich reise zum Athos."

Bernds Augen leuchteten und er sagt nur: „Du Glücklicher!"

Der Heilige Berg Athos ist eine orthodoxe Mönchsrepublik mit autonomem Status unter der Souveränität Griechenlands. Der Athos befindet sich auf dem gleichnamigen östlichen Finger der Halbinsel Chalkidiki.

Das Territorium ist etwa 44 Kilometer lang und sieben bis acht Kilometer breit. Höchste Erhebung ist der 2.033 Meter hohe Athosgipfel. Dort leben etwa 3.000 Mönche in 20 Großklöstern, Skiten (kleinen Wohneinheiten) sowie Einzelhütten und Höhlen. Von den 20 Klöstern sind 17 griechisch, eines serbisch (Chilandar) und zwei weitere bulgarisch (Zografou) sowie russisch (Panteleimonos). Dazu kommen einige griechische Verwaltungsangestellte, Polizisten, Geschäftsleute (in Läden oder Taxiunternehmen) sowie zivile Bauarbeiter – meist aus den Balkanländern.

Athos darf nur über den einzigen legalen Wasserweg besucht werden. Die Landverbindung ist durch eine Stacheldrahtgrenze quer durch die Halbinsel vom Festland getrennt. Athos stellt eine „Gegenwelt" zu unserem globalisierten und immer hektischer werdenden Leben dar und ist dadurch zu einem großartigen Schatz an Lebenserfahrung und Lebensweisheit geworden. Beides ist aus der Tradition der ehemaligen Wüstenväter gewachsen. Der Heilige Berg Athos gehört inzwischen zum UNESCO-Weltkulturerbe.

In Thessaloniki treffe ich meinen griechischen Reiseleiter Nikolaos Delveroudis. Niko spricht fließend deutsch, hat orthodoxe Theologie studiert und arbeitet seit über 20 Jahren als Athosführer – er ist bestens mit den Klöstern und Skiten sowie den Fahrzeughaltern vernetzt und ebenso mit den für Athos zuständigen „Mönchsbehörden".

Im Kleinbus fahren wir von Thessaloniki in den bunten griechischen Badeort Ouranópoli direkt vor der Athos-Grenze. Dort organisiert Niko unsere Einreisegenehmigung für sechs Tage.

Im quirligen Hafen von Ouranópoli und auf dem Fährboot treffen wir die ersten Athos-Mönche, immer schwarz gekleidet, mit ihren etwas wilden, grauen oder weißen Bärten und den ruhigen, gütigen Augen. Die Männer sind meist vollbepackt mit Zeitungen, Medikamenten, Ersatzteilen und einige haben sogar ein Handy in der Hand.

Besucher sind heute auf Athos willkommen. Die Klöster und Skiten haben inzwischen Gästezimmer und bewirten Fremde – immer gegen eine angemessene Spende. Festgesetzte Preise gibt es weder für Übernachtungen noch für die Mahlzeiten.

Das Fährschiff läuft alle Anlegeplätze der Westküste an. Unser erstes Ziel ist das bulgarische Kloster Zografou. Das bedeutet, wir müssen die Fähre an der zweiten Haltestelle verlassen und betreten erstmals den heiligen Boden der Mönchsrepublik. Zu unserer kleinen Gruppe gehört auch der Münchner Theologe Michael Kaminski. Der pilgererfahrene Mann ruft uns am Strand zusammen, spricht ein kurzes Gebet und segnet uns als Athos-Besucher.

„Ohne Segen von oben geht hier auf Athos gar nichts", sagt Michael und mit ihm auch alle Mönche. Wir schultern unsere Rucksäcke und marschieren los, bergan auf einem schmalen Fußpfad, der jeweils Abkürzungen nimmt, während die neue, geschotterte Fahrstraße in weiten Kehren in die Höhe führt. Wir sind in einem tropisch blühenden Land unterwegs – in einem Urwald, im Garten Eden.

Der englische Einsiedler und Philosoph Paul Brunton hat geschrieben: „Wie kann ich meine Verehrung für die wilde Natur in Worte fassen? Sie ist der allumfassende Tempel, die allumfassende Kirche!"

Kreuze am Weg und Wasserstellen finden sich auf Athos an allen Pfaden. Auch wir genießen das kühle und frische Nass aus den Quellen. Nach zwei Stunden lichtet sich der Urwald und wir laufen neben dem Klostergarten, in dem ein fleißiger Mönch arbeitet und freundlich zu uns herüber grüßt. Alles sieht sauber und gepflegt aus, dazu munteres Vogelgezwitscher unter einem wolkenlosen Himmel. In den Klostergärten wird Gemüse, Obst und Wein angebaut, Fleisch ist auf Athos tabu. Noch eine letzte Wegbiegung, dann steht das Kloster Zografou wie eine mächtige Burganlage vor uns.

Das Kloster liegt 152 Meter über dem Meer, wir waren zwei Stunden lang unterwegs und sind jetzt durchgeschwitzt und glücklich. Neben dem altehrwürdigen Kloster steht das Gästehaus. Dort werden wir von einem jungen Mönch mit frischem Wasser und einem Gläschen Schnaps – Tsipouro – sowie einem süßen, geleeartigen Honigwürfel – genannt Loukoumi – begrüßt. Diese Zeremonie gehört zu jedem Klosterbesuch. Wir beziehen unsere Gästezimmer und hören Niko, der uns zur Eile und zur Trapeza treibt. Die Trapeza ist der große Speisesaal, immer gegenüber der Hauptkirche. Die Essensgewohnheiten sind auf Athos etwas gewöhnungsbedürftig. Grundsätzlich wird nur zweimal am Tag gegessen; einmal am Morgen und dann erst wieder am Abend. Aber wann das genau geschieht, kann niemand vorhersagen. Besucher müssen zusammen mit den Mönchen essen und dürfen bei Tisch nicht sprechen und auch nicht länger speisen als der Abt. Wann genau der kommt, weiß man vorher nicht genau. Er kommt mit seinen Mönchen nach oder während der Gebetszeit, die um fünf Uhr früh beginnt und gegen sieben Uhr oder auch erst gegen neun Uhr endet. Am Abend ist es ähnlich. Gegen 17 Uhr ruft die Stundentrommel zum Gebet und das kann bis zwei Uhr nachts dauern. Die Stundentrommel ist ein Holzbrett, das von einem Mönch vor der Gebetszeit mit einem Hammer melodisch angeschlagen wird. Aber das Gebet wird in der Regel irgendwann für das gemeinsame Essen kurz unterbrochen. Der Abt und seine Mönche essen dann etwa 15 Minuten lang, erheben sich und verlassen den Raum – und genau das müssen die Gäste dann auch tun.

Die Mahlzeit soll für die Mönche nie ein Genuss sein, sondern immer nur ein Mittel zur Erhaltung des Lebens. Also ist Eile geboten. Wir laufen förmlich durch das Kloster zum Speisesaal, bekommen dort eingedeckte Tische zugewiesen und staunen nicht wenig: Da steht neben dem Wasser auch eine Karaffe mit rotem Wein, ein Teller kalte Gurkensuppe, sehr gut gewürzt mit Dill und anderen leckeren Kräutern, und ein Teller Bohnen. Dazu wird dunkles Brot gereicht. Nach dem heißen Fußmarsch am Morgen sind wir Gäste uns alle einig: Eine bessere Suppe hat noch niemand von uns gegessen – und der kühle Wein schmeckt auch schon am Vormittag vorzüglich. Leider gibt es keinen Nachschlag, weil der Abt schnell fertig ist und mit seinen Mönchen enteilt – zur Fortsetzung der Gebete in der Kirche. Ich möchte noch den letzten Schluck austrinken. Niko winkt ab. Das wäre unhöflich.

Besucher dürfen den eigentlichen Gottesdienst in der Hauptkirche nicht besuchen – wenn sie nicht orthodox sind. Wir können ihm aber aus dem Vorraum lauschen – und dabei bewundere ich die großartigen Wand- und Deckenbilder.

Am nächsten Morgen sind wir zurück am Strand und warten auf unser Schiff zur Weiterfahrt zum Agiu-Pavlou-Kloster direkt unter dem heiligen Berggipfel. Dieses eher modern wirkende Kloster wurde vor 1.000 Jahren von einem gewissen Paulus gegründet, zunächst klein und bescheiden. Heute gehört Agin Pavlu zu den Großklöstern auf Athos. Nach dem erneut kurzen Abendessen in der Gebetspause sehe ich den alten Abt Partenios kurz vor der Kirche auf einer Bank Platz nehmen, um dort einige Minuten in der frischen Abendluft auszuruhen. Ich stehe zufällig neben ihm, schaue dem Mann in die Augen und deute auf meine Kamera. Der

Abt versteht, lächelt und nickt. Ich fotografiere ihn und zeige später Niko die Bilder.

„Bist du wahnsinnig? Den Abt darf man nicht so einfach fotografieren! Dem muss man die Füße küssen und sich dann auf Knien zurückziehen!"

„Niko, die Sache ist so: Ich fotografiere seit 50 Jahren Menschen in aller Welt und die merken einfach, dass ich ihnen immer auf Augenhöhe begegne, dass ich mit ihnen auch von einem Teller essen würde, notfalls sogar mit den Fingern. Das alleine ist mein Erfolgsrezept."

Das mächtige Kloster Megisti Lavra, auf der anderen Bergseite gegenüber Agiu Pavlou gelegen, ist das älteste und größte Athos-Kloster. Wir betreten eine richtige Stadt mit einer Mauer und Wachtürmen.

Ob ich hier wieder Glück beim Fotografieren haben werde? Kaum im Kloster angekommen – ein von Niko gecharterter Kleinbus hat uns hergebracht –, spricht mich der Mönch Laurencio an und erzählt, dass er Maler sei, und mir gerne seine Bilder zeigen möchte. Sie gefallen mir und ich kaufe eines vom Kloster Simonus Petras – und darf den Athos-Mönch fotografieren. Er lächelt in meine Kamera und auch ich muss schmunzeln, weil ich in diesem Moment an Papst Franziskus denke, der vor wenigen Tagen sagte: „Warum spricht der Priester bei den Feierlichkeiten an einem bestimmten Punkt: Erhebet eure Herzen? Er sagt nicht: Erhebet eure Handys, um Fotos zu machen. Nein, das ist eine ganz scheußliche Sache."

Nach unserer dritten Klosternacht laufen wir zur Skite St. Georg von Pater Meliton. St. Georg liegt völlig versteckt mitten im Urwald und wird von nur einem Mönch bewohnt und bewirtschaftet, eben von Pater Meliton, mit dem Niko seit Jahren befreundet ist. Niko fühlt sich hier wie zuhause und legt sofort bei der Küchenarbeit Hand an. Da strahlt der bärtige Hausherr! Der Pater sieht meine Fotobegeisterung – das Papstzitat kennt er ja nicht – und erteilt mir die freundliche Erlaubnis, überall in seiner Skite frei zu fotografieren. Das ist in den Großklöstern kaum denkbar. Im Unterschied zu den Klöstern gibt es in den Skiten drei Mahlzeiten für die Gäste – das bedeutet dreimal Wein am Tag!

Unser Athosbesuch ist nur kurz. Aber ich bin dankbar, dass wir diese für uns so fremdartige Mönchsrepublik heute überhaupt besuchen können. Wir sind nur wenige Tage hier und kommen durch Gespräche und

Kontakte doch dem Inneren des Heiligen Berges Athos ein wenig näher. Viele von uns flüchtigen Besuchern spüren dabei ein wachsendes Verlangen nach einem Ausbruch aus ihrer Alltagswirklichkeit. Nach Ganzheit, Ruhe und Stille – außen und innen –, nach mehr Freiheit und Einfachheit.

„Nach einer Beständigkeit, die nach Ewigem schmeckt", schreibt der österreichische Journalist Heinz Nußbaumer über seine zahlreichen Athos-Reisen. „Und nach neuem Atem für die Seele."

Die Mönchsrepublik Athos ist eine „Gegenwelt" zu unserer Gegenwart und damit ein wahrer Schatz an Lebenserfahrung für jeden Menschen – ob gläubig oder nicht gläubig, ob orthodox, katholisch oder evangelisch.

Dieser Schatz existiert seit 2.000 Jahren und wird auch in der Zukunft weiter da sein und somit unser modernes Weltbild in weiten Bereichen in Frage stellen – oder sogar positiv verändern, denn für die Menschheit beten – und nichts anderes tun die Athos-Mönche – kann Berge versetzen oder einen Berg in ein Energiezentrum verwandeln.

Nach dieser Reise danke ich meiner lieben Frau Renate ganz besonders, dass sie nach der Zufallsbegegnung mit dem irischen Pilger Trevor spontan gesagt hat:

„Geh! Geh und erzähle mir!"

Wir haben uns ein halbes Jahrhundert lang die Welt, ihre extremen und großartigen Landschaften, die Menschen und Tiere angeschaut – und das alles besonders intensiv erlebt. Da wird uns oft die Frage gestellt: „Wo hat es euch am besten gefallen?"

Wir können das nicht beantworten, aber ich freue mich schon auf meine nächste Reise zum Heiligen Berg Athos – natürlich wieder zusammen mit Niko.

„Ich habe mich stets danach gesehnt,
für immer auf einem jener Berge
(auf den Sandwich-Inseln) zu leben,
die das Meer überragen."

Mark Twain

Reisen einst und heute

Beim Reisen hat sich im letzten halben Jahrhundert sehr viel verändert. Ich möchte an dieser Stelle nur einige gravierende Unterschiede kurz beschreiben.

Als ich 1960 mit dem Fahrrad und dann per Anhalter bis nach Kairo und weiter durch die Wüste Sinai fuhr, war das noch eine kleine Sensation – sowohl unterwegs als auch später daheim. Unterwegs haben uns Diplomaten der Deutschen Botschaft eingeladen und weitergeholfen und auch Ölfirmen in der Sahara, die wir vorher nicht kannten. Man musste sich in Afrika nicht an die Straße stellen und mit dem Daumen winken. Die Firmenbosse und auch ihre Fahrer sagten ganz einfach: „Okay, ihr könnt mit in unser Camp fahren und in zwei Tagen fliegt unser eigenes Flugzeug nach Tripolis – da nehmen wir euch dann mit."

Und als ich 1964 am Suez-Kanal einen deutschen Kapitän fragte, ob er uns mitsamt unserem VW-Käfer nach Indien transportieren könne, war seine Antwort nur: „Kein Problem – aber ihr müsst uns täglich von euren tollen Erlebnissen erzählen!" Das war die ganze Gegenleistung.

20 Jahre später arbeiteten wir als Lektor und Reiseleiter auf dem Expeditionskreuzfahrtschiff „Society Explorer". Abends saßen wir an der gemütlichen kleinen Bar und erzählten wieder von früheren Reisen. Da unterbrach mich der Chefingenieur: „Stopp! Ihr wart das? Ich arbeitete damals als ganz junger Seemann auf der „Hohenfels". Da kam der Kapitän mit dem Auftrag, einen VW-Käfer mit dem Schiffskran an Bord zu hieven! Ich wusste erst gar nicht, wie das gehen sollte und musste mir was einfallen lassen."

Später in Kathmandu trafen wir den berühmten russischen Hotelbesitzer Boris Lissanevitch (dessen Geschichte Han Suyin in ihrem Weltbestseller „Wo die Berge jung sind" ausführlich beschrieben hat). Boris bot uns an, in seinem Hotelgarten zu zelten und zum Essen seine Gäste zu sein.

Auf dem Rückweg fuhren wir durch Afghanistan und Persien zurück nach Europa. Da gab es keine Taliban und keine Mullahs, sondern nur äußerst gastfreundliche und immer hilfsbereite Menschen. Und Zuhause strömten die Besucher zu meinen ersten Vorträgen und staunten über das, was sie hörten und sahen. Das Fernsehen steckte ja noch in den

Kinderschuhen und preiswerte Fernreisen nach Ägypten oder nach Kathmandu waren weit entfernte Träume.

Dann reiste ich mit Renate nach Island und dort fanden wir die Gletscherlagune Jökulsarlon voller seltsamer Eisberge, die an Marmorkuchen erinnerten. Weil es auf Island ständig Vulkanausbrüche gibt und dann schwarze Asche auf die Gletscher fällt, ist das Ergebnis eine schwarze Aschen- und dann wieder eine weiße Eisschicht. Wir waren von diesem Naturschauspiel so beeindruckt, dass wir schon ein Jahr später ein kleines Schlauchboot mit nach Island nahmen, um durch diese Wunderwelt zu fahren und die marmorierten Berge zu fotografieren. Das isländische Fremdenverkehrsamt hat mich dann zu einem Vortrag nach Reykjavik eingeladen. Ich sollte den dortigen Tourveranstaltern erzählen, was ausländische Touristen auf ihrer frostigen Insel besonders fasziniert. Mein Vortrag wurde anschließend stark kritisiert: „Du zeigt zu viel Kälte und dann dieses schmutzige Eis! Zeige mehr Blumen und erzähle, dass in unseren Treibhäusern wohlschmeckende Tomaten reifen."

Heute gibt es an „unserem Eissee" eine große Verkaufsbude neben einem Bootsanleger. Touristengruppen ohne Voranmeldung müssen lange Wartezeiten für eine Gletscherrundfahrt in Kauf nehmen! Und auch das Reisen im Hochland hat sich verändert. In den Siebzigerjahren fuhren Islandgruppen grundsätzlich mit Zelten und einem Küchenwagen durch das wilde Land. Heute stehen da Hütten. Das ist bequem, aber von der alten Romantik ist wenig übrig geblieben. Früher standen wir nachts mit klammen Fingern um den Küchenwagen und freuten uns unbändig über heißen Kakao, bevor wir in die Schlafsäcke krochen.

Ganz ähnlich sieht es bei Trekkingtouren im Himalaya aus. Früher zogen wir mit Trägern und einem Koch durch das höchste Gebirge auf Erden. Sherpas trugen unsere Lasten, bauten Zelte auf und verwöhnten ihre Gäste bei den Mahlzeiten. Heute stehen an den beliebten Wegen – rund um die Annapurna und am Everesttreck – Teebuden und Lodges für die bequeme Übernachtung.

Und früher konnte man sich nichts Schöneres vorstellen, als eine Nacht mitten in den endlosen Sahara-Dünen auf einer Matte unter dem unvergleichlichen Sternenhimmel. Solche Plätze sind verschwunden, weil die Wüstenländer als Touristenziele „verschwunden" sind.

Und das gehört auch zu den Hauptunterschieden zwischen früher und heute: Die politische Weltlage hat sich grundlegend verändert. Es gibt zu viele aktuelle Krisengebiete und immer mehr Staaten oder Landstriche, die für Reisen ganz ausfallen.

Der Jemen war ein Traumland, das an Tausendundeine Nacht erinnerte. Ähnlich schön war Mali mit Timbuktu und den überaus bunten Dogontänzen. Libyen war eine Perle unter den Saharaländern. Gleiches gilt für Syrien. In Brasilien herrscht zwar kein Krieg, aber selbst Sportlergruppen trauen sich dort kaum noch ohne Personenschutz auf die Straße. Beim Formel-1-Rennen 2017 wurden die Teams von Ferrari und Red Bull auf dem Weg zur Rennstrecke von bewaffneten Banden überfallen.

Dann ist da noch ein gravierender Unterschied. Flüge werden immer billiger – und die Reisenden haben immer weniger Zeit. In wenigen Stunden erreichen wir fast jeden Punkt auf der Erde; heute fliegen wir nach Kathmandu und morgen früh nach dem Frühstück weiter zum Mount Everest. 1971 bin ich noch drei Wochen von Kathmandu bis zum Basislager gelaufen – das war ein herrlicher Weg mit einem ganz langsamen Herantasten an den höchsten Gipfel der Welt. Und als ich das über 5.000 Meter hohe Basislager erreicht hatte, war ich großartig akklimatisiert, also bestens an die Höhe angepasst. Ich glaube sogar, dass es im Bewusstsein einen großen Unterschied ausmacht, ob ich mit einem Schiff langsam nach Grönland fahre oder mit dem Flugzeug nur drei Stunden unterwegs bin. Nach der Schiffsreise weiß ich, wie weit weg ich von Zuhause bin.

Aber wir können die Zeit nicht zurückdrehen und müssen uns freuen, dass wir in einem freien Land leben und die Welt für uns Weltenbummler offen steht. Reisen bereichert jeden Menschen.

„Wer die Enge seiner Heimat begreifen will, der reise. Wer die Enge seiner Zeit ermessen will, der studiere Geschichte.“

Kurt Tucholsky

Epilog

Reise! Wer still sitzt, rostet.

Reisen bedeutet auch, über den Tellerrand zu schauen

Im Jahr 2017 – meine Frau und ich haben beide längst das Rentenalter erreicht – sind wir immer noch unterwegs, aber nicht mehr ganz so rastlos wie früher. Auf dem norwegischen Olavsweg führen wir Pilgergruppen von Oslo nach Trondheim. Der Olavsweg ist offiziell nach dem spanischen Jakobsweg der zweite Europäische Kulturweg. Er führt zunächst durch das atemberaubend schöne Gudbrandstal mit viel Geschichte, dann über das ausgesetzte und wilde Dovrefjell, auf dem sich Elche, Rentiere und Moschusochsen tummeln, und schließlich durch die weiten Moor- und Berglandschaften von Tröndelag zum Nidarosdom, dem Grab des heiligen König Olav.

Die Welt hat sich nach unseren Reise- und Wanderjahren total verändert – leider nicht positiv! Terrorismus, abgeschottete Grenzen und politische Radikalisierung schränken die Auswahl unserer Reiseziele ein. Den schrankenlosen Globus gibt es leider nicht mehr! Nie vorher hat es weltweit so viele Kriege und Streitigkeiten zwischen Nationen, Religionen und ethnischen Gruppierungen gegeben. Nie vorher irrten so viele Menschen hilfesuchend über Fluchtruten kreuz und quer durch Länder und Kontinente. Millionen Menschen fliehen vor Krieg, Vertreibung und Verfolgung, vor Wassermangel, Dürre und Klimaveränderung.

Viele dieser Flüchtlinge verdursten in der Sahara oder ertrinken im Mittelmeer – einige überleben und erreichen – oft traumatisiert – Europa. Und genau hier beginnen dann neue Probleme:

Wir schotten uns gegen Fremde ab, haben nur wenig Verständnis für alles, was wir nicht kennen.

In den vergangenen 50 Jahren reisten wir nicht nur durch zivilisierte Länder, sondern besonders gerne und deshalb immer wieder an die Ränder moderner Staaten. Und da wurden wir aus dem „Wunderland Deutschland" sehr oft plötzlich kleinlaut und hilflos. Wir verstanden die Sprache nicht und mussten uns immer wieder helfen lassen; von fremden

Sven Weyer (links) und sein Vater haben den 5.660 Meter hohen Dölma-La während ihrer Kailash-Parikrama erreicht und rufen wie alle Tibeter dort: „Lha-Gyal-Lo!“ – Den Göttern sei Dank!

Menschen in sogenannten unterentwickelten Ländern, von Menschen, die nie eine Schule besucht hatten, und von Menschen, die nicht wussten, dass es Deutschland und Europa gibt, geschweige denn, wo diese Gebiete wohl liegen könnten. Dabei haben wir eine verblüffende Erfahrung gemacht: Je ärmer diese Menschen sind und je weiter sie von jeglicher Zivilisation entfernt leben, desto gastfreundlicher und hilfsbereiter reagieren sie auf uns und unsere kleinen – ja winzigen – Probleme.

Sie schoben unser Auto in der Wüste aus Sandfeldern und im Urwald aus grundlosem Schlamm. Sie riefen in der Mongolei die Polizei nach einem Diebstahl und entschuldigten sich sichtlich beschämt, dass man uns in ihrem Land bestohlen hatte. Sie öffneten mir im Regenwald des Kilimanjaro mitten in der Nacht ihre Hütte, kochten erfrischenden Tee und boten mir ihr Bett an, nachdem ich stundenlang und bis auf die Haut durchnässt einen Toten zu Tal getragen hatte.

Diese uns völlig fremden Menschen gaben uns Wasser und Nahrung und teilten mit uns ihren warmen Platz am Feuer, sie gaben uns ein trockenes Nachtlager, als unsere Zelte durch chinesische Willkür nicht greifbar waren – und sie zeigten uns immer den richtigen Weg, wenn wir ihn verloren hatten.

Ich glaube und weiß, dass Reisen schon deshalb wichtig ist, um einmal – oder besser oft – über den eigenen Tellerrand zu schauen und vor allem, um unsere Mitmenschen auf diesem großartigen Planeten in fernen Kulturen kennen und verstehen zu lernen.

Jeder, der viel in dieser Welt gereist ist, wird auch die Flüchtlinge von heute, die jetzt zu uns kommen, mit anderen Augen sehen, und er wird auch wissen, dass unter ihnen immer interessante und liebenswerte Menschen sind.

Mark Twain hat das so formuliert: „Reisen ist tödlich für Vorurteile!"

Die Chinesen haben bereits 700 Jahre vor Christus eine Mauer um ihr Kaiserreich gebaut, jetzt – fast 3.000 Jahre später – eifert der amerikanischer Präsident ihnen nach, obwohl ein Vorgänger von ihm (Ronald Reagan 1987) in Berlin die Sowjets aufforderte: „Reißt endlich diese Mauer ab!"

Ich glaube, dass ein Mensch, der ständig in dieser Welt unterwegs war, so etwas nie tun könnte. Aus eigener Erfahrung denke ich, dass Menschen nur Brüder werden können, wenn es keine Zäune und Mauern mehr gibt. Wir sollten sie ersetzen durch Toleranz und Hilfsbereitschaft, durch Verständnis für Fremdes und diplomatische Kompromisse.

Und Reisen bedeutet noch etwas: Wer still sitzt, rostet.

Als der britische Polarforscher Robert Falcon Scott nach seiner dramatischen Südpolexpedition (1912) wusste, dass er und seine Kameraden nicht überleben würden, schrieb er in einem Abschiedsbrief an seine Frau (er strich das Wort „Frau" später durch und ersetze es mit „Witwe"): „Wieviel besser war sie (die Reise) als daheim zu sitzen in großer Bequemlichkeit. Was für Geschichten hättest Du dann für unseren Jungen!?"

Ein jahrhundertaltes altarabisches Lied, das nachts an den Feuern im Orient gesungen wurde, sagt uns, warum wir aufbrechen sollen:

„Reise! Du findest Ersatz für ihn, von dem du dich trennest.
Mühe dich ab, denn die Süße des Lebens besteht in der Mühe.
Das Stillsitzen, deucht mich, bringt weder Ansehen noch Einsicht,
Nein, nur ein kümmerlich Dasein, drum lasse die Heimat und ziehe.
Ich habe gesehen, wie die Ruhe des Wassers ihm Fäule bringt,
Doch fließt es, dann ist es frisch, wo nicht, bleibt's trübe stehen."

50 Jahre unterwegs – wie geht das denn?

Viele Leser werden sich nach der Lektüre dieses Buches fragen, wie die Weyers 50 Jahre Unterwegssein finanziert haben, wer ihnen all die Reisen in sieben Kontinente bezahlt hat. Die Antwort ist einfach: Wir haben das bezahlt, mit den Erlösen unserer vielseitigen Arbeit. Und wir können sagen, dass die meisten unserer Reisen kein Geld gekostet, sondern Geld eingebracht haben. Ob das heute noch so funktioniert, möchte ich aber bezweifeln. Die Zeiten haben sich komplett verändert. Hier sind die Fakten:

Mit diesem Transporter haben wir jahrelang eine halbe Tonne Technik (Leinwände, Projektoren, Verstärker, Lautsprecher usw.) kreuz und quer durch Europa gefahren. Das Motto war: „Unser Wohnort ist Buxtehude – unser Arbeitsplatz die Welt.“ Das galt für unsere vielen Weltreisen genauso wie für unsere Vortragstourneen. Da wurde es auch schon mal richtig eng: Freitag Vortrag in Wien, Samstag nach Hause fahren und Wäsche wechseln, Sonntag ab nach London und Montag dort der nächste Vortrag. Fünftagewoche und Achtstundentag waren für uns beide Fremdworte.

Die Bar auf dem Kreuzfahrtschiff „MS Europa". Wir sind als Bordlektoren in Grönland unterwegs und projizieren Bilder von Schlittenhunden. Dazu lesen wir im Wechsel die schönsten Hundegeschichten von Jack London, Fridtjof Nansen, Knud Rasmussen und anderen. Die „kleine" sechs Meter breite Panoramaleinwand wurde von der Firma Stumpfl AV (Österreich) genau nach den Schiffsmaßen für unsere Arbeit auf der „MS Europa" angefertigt.

1960 habe ich die erste große Fahrt per Fahrrad, per Anhalter und auf dem Kamelrücken durchgeführt. Anschließend schrieb ich mein erstes Buch „Heiße Straßen“ (dieses ist übrigens mein 70. Buch), hielt Diavorträge und produzierte Radiosendungen für den Schulfunk. Die Erträge investierte ich in die nächste große Fahrt „Ein Auto – drei Kontinente“.

1965 ging ich zur Firma Leitz nach Wetzlar und erhielt dort für meine Idee, Diavorträge in neuen Dimensionen zu schaffen, größte Unterstützung von Ernst und Günther Leitz. Sie ließen mich 1968 bei vollem Gehalt in die Sahara fahren und anschließend präsentierte ich vor allen Leitz-Vertretern (während der photokina) meine erste LEICAVISION mit sechs Überblendprojektoren (die Leitz für mich entwickelt hatte) auf einer zwölf Meter breiten Panoramaleinwand. Daraufhin luden mich Leitz-Vertreter aus aller Welt zu Vortragstourneen in ihre Länder ein (USA, Kanada, Australien, Korea, Hongkong und fast alle europäischen Länder).

Ich kam nach England und hörte, dass die Tournee restlos ausverkauft sei. Ich musste daraufhin jeden Tag zweimal sprechen: um 18 Uhr und um 20 Uhr. Parallel zu den Vorträgen wurden Leica- und Agfa-Produkte präsentiert und Kameras kostenlos durchgecheckt. In Wien hatte die Leitz-Vertretung das Audimax der Universität mit 900 Plätzen gleich für zwei Wochen angemietet. Alle Tickets waren vor dem ersten Vortrag verkauft – und das waren etwa 11.000. Der österreichische ORF meldete damals: „Weyer ist der ‚Karajan‘ unter den Vortragsrednern.“ Und der

Links: Die LEICADAYS mit unseren Vorträgen wurden in England als größtes Foto-Event der Insel angekündigt.

Rechts: Als erster Vortragsredner in der Dia-Szene habe ich begonnen, mit meinem Namen zu werben und nicht mit Motiven des gezeigten Landes. Das war einprägsam und erfolgreich.
TERRAVISION war die Fortsetzung der LEICAVISION im Mittelformat. Bei unserem Vortrag „Tibet“ haben wir bei jeder Veranstaltung ein Sparschwein an die Ausgangstür gestellt und um eine Spende für die Exil-Tibeter gebeten. Nach einer Saison steckten in dem Schwein genau 64.000 DM. Dafür konnten wir in Dharamsala, Indien, ein Haus für 30 Waisenkinder bauen, die ohne ihre Eltern über den eisigen Himalaya geflohen waren, um endlich eine tibetische Schule besuchen zu können. Das Haus haben wir dann zusammen mit dem Dalai Lama eingeweiht.

Hier steht unsere 18 Meter breite und 6 Meter hohe Panoramaleinwand im CCH Hamburg. Auf diese Riesenwand haben wir mit 6 Götschmann-Projektoren projiziert. Jeder Projektor war mit einer 400 Watt-Lampe bestückt. Die Helligkeit der Bilder war weltweit bahnbrechend.

Der Beethovensaal in der Stuttgarter Liederhalle hat etwa 1.000 Plätze. Wir konnten ihn mit „Tibet – Ein Volk ruft nach Gerechtigkeit“ an einem Abend gleich zweimal hintereinander ausverkaufen.

ebenfalls österreichische Journalist Fritz Sitte schrieb: „Helfried Weyer ist der beste und größte Vortragende, den wir hatten."

Auch in anderen Städten und Ländern brach meine Vortragstechnik Rekorde: In Sidney beispielsweise kamen an zwei Abenden 8.000 Besucher in die City-Hall und in die Freiburger Stadthalle pilgerten 3.000!

In der Firma Leitz gehörte ich zur Werbeabteilung. Die Abteilung Leica-Technik veranstaltete damals regelmäßig Fotoseminare für Amateure und Profis und ließ die Besucher dabei mit Leihkameras durch das mittelalterliche Wetzlar laufen, um neue Kameras und Objektive auszuprobieren.

Ich schlug dann vor, mit ambitionierten Fotofreunden, die ebenfalls Leih-Leicas bekamen, dorthin zu reisen, wo es spektakuläre Motive gibt: in die Sahara, in den Himalaya, nach Island und nach Bali. Dort haben wir den Kunden nicht erzählt, was das Verhältnis zwischen Zeit und Blende bedeutet, sondern wir haben sie zu den schönsten Motiven geführt: zum Mount Everest im letzten Abendlicht, zu den Pyramiden bei Sonnenuntergang – und auf Kreuzfahrtschiffen in der Arktis und Antarktis stand ich stundenlang auf der Brücke und habe den Steuermann gebeten, am nächsten Eisberg bitte rechts (steuerbord) oder links (backbord) vorbeizufahren oder den Berg langsam zu umrunden, damit alle Passagiere und natürlich meine Fotokunden außergewöhnlich gute Bilder bekommen, die sie normalerweise so nie gesehen hätten.

Unsere Fotoreisen haben Renate und ich dann immer weiter ausgebaut und den Teilnehmern spektakuläre Motive vor die Kamera gesetzt: In Ägypten haben wir zum Beispiel in der besten Bauchtanzschule drei Mädchen engagiert, die alleine für unsere Gruppe im Abendlicht vor den Pyramiden tanzten. Einer unserer Teilnehmer bemerkte an jenem Abend: „Wie bringe ich es meinen Töchtern zuhause nur bei, dass ich über 200 Bilder von drei Bauchtänzerinnen geschossen habe?" Und der ägyptische Touristenminister Mamdouh El Beltagui hat mir später gesagt: „Tolle Idee, wir sollten sie an den Pyramiden übernehmen!"

Auf der Tropeninsel Bali haben wir eine junge Legong-Tanzgruppe in einem Reisfeld in der Morgensonne auftreten lassen. „Normale" Touristen bekommen dort Tänze nur auf Hotelbühnen zu sehen.

In Sulawesi gibt es einen besonderen Totenkult bei den Torajas: Sie legen ihre Verstorbenen in eine Felshöhle und stellen eine den Toten

Vor unserer Riesenleinwand (108 qm) singt und tanzt eine professionelle Maorigruppe aus Neuseeland. Das war für das deutsche Publikum völlig neu, und viele tausend Besucher haben uns mit Standing Ovations gedankt und verlangten von den Tänzern und Sängern Zugaben.

Projektion mit sechs Götschmann-Projektoren auf unsere 108 Quadratmeter große Bildwand.

Hier richte ich meine sechs Hasselblad-Projektoren für die Neuseeland-Show ein.

Szenen unserer Fotoreisen. Ich habe den Teilnehmern beigebracht, dass man mit der Kamera auf einem festen Stativ ein Bild viel besser gestalten kann, als mit der freien Hand, und dass mit langen Brennweiten nur vom Stativ wirklich scharfe Aufnahmen erzielt werden.

Diese „Fotoplattform“ ließen wir auf Sulawesi eigens für unsere Gruppen errichten. Nur so wurden Porträts von den Tau-Taus (so heißen die Totenpuppen) möglich. Da wir uns auf einem Toraja-Friedhof befanden, mussten wir das Gerüst am gleichen Tag wieder abbauen lassen.

nachempfundene Holzpuppe auf einen Felsbalkon. Diese sogenannten Tau-Taus stehen immer viele Meter hoch über den Friedhofsbesuchern in senkrechten Wänden. Wir haben durch unsere Reiseagentur ein Bambusgerüst vor die Wand bauen lassen, sodass wir die Tau-Taus in Augenhöhe fotografieren konnten. Deutsche Touristen, die nicht zu unserer Gruppe gehörten, glaubten nicht, dass dieses Gerüst unsere eigene Idee war. Sie wurden regelrecht wütend, als wir für die Besteigung drei Dollar verlangten. Japanische Touristen haben anders reagiert, sie zahlten gerne und stellten sich brav in eine Reihe, sodass wir die Baukosten für das Gerüst in einer Stunde raus hatten!

In der Sahara haben wir Tuareg auf festlich geschmückten Kamelen für unsere Kunden tanzen lassen. Deshalb wurden diese Fotoreisen immer beliebter und erfolgreicher. Mehrere Teilnehmer der Weyer-Fotoreisen waren über zwanzigmal mit dabei. Unsere Kunden sind sozusagen mit uns alt geworden und viele schwärmen bis heute: „Das waren unsere schönsten Reisen!"

Schließlich hatten unsere Diavorträge auf bis zu 18 Meter breiten Panoramawänden einen solchen Erfolg, dass Fremdenverkehrsämter aus aller Welt (USA, Neuseeland, Australien, Argentinien, Südafrika, Grönland, Ägypten und andere) uns einluden, so einen Vortrag über ihr Land zu produzieren und europaweit zu zeigen.

Dann schalteten sich auch Reedereien ein: Die Hurtigruten baten uns, Vorträge über ihre Schiffsreisen zu zeigen, Hapag Lloyd und Oceanwide Expeditions folgten und sogar eine russische Eisbrecher-Reederei.

Für Hurtigruten Hamburg schufen wir ganz neue Tourkonzepte: Wir bauten in die normale Rundreise eine Woche Aufenthalt auf den Lofoten ein. Dort fuhren Renate und ich die Gäste in angemieteten Bussen zu den schönsten Punkten der Inselgruppe, und wir brachten Hurtigruten-Kunden auf dem Dreimaster „Lili Marleen" der Peter Deilmann-Reederei zum wunderschönen und so fotogenen Galapagos-Archipel.

Nur mit immer neuen Ideen und der Hilfe unserer Partner konnten wir 50 Jahre pausenlos unterwegs sein und all die Abenteuer finanzieren, die wir in diesem Erinnerungsbuch beschrieben haben.

Aber ich warne Nachahmer auch: Die Zeiten haben sich verändert! Der Diavortrag hat an Stellenwert verloren. Die totale Überflutung durch digitale Bilder hat unter anderem dazu beigetragen. Fremdenverkehrs-

Foto-Shooting in der Sahara. Wichtig bei solchen Porträtstudien ist, dass immer nur ein Fotograf zur Zeit seine Bilder macht. Bei mehreren kamerabewaffneten Köpfen weiß der Tuareg nicht, wo genau er hinschauen soll.

Tanz auf dem weißen Kamel mitten im Hoggar, Algerien. So bunt schmücken Tuareg ihr Kamele nur zu besonderen Festen. Hier haben sie es für uns getan. Besonders gefallen hat uns bei diesen Aktionen immer, dass die Models überall auf der Welt die gleiche Freude und Begeisterung zeigten, wie unsere Fotografen.

Links Seite u. re.: Arrangierte Motive für unsere Fotogruppe. Die Bauchtänzerin holten wir aus einer Tanzschule in Kairo. Den Platz vor den Pyramiden mussten wir dann von der örtlichen Polizei absperren lassen, weil zu viele „fremde“ Touristen ebenfalls Bilder schießen wollten.

ämter, Fluggesellschaften und Reedereien sind heute straffer organisiert. Das Leben für freischaffende Fotografen ist härter geworden.

Freier Fotograf zu sein, ist nach wie vor ein Traumberuf, aber unsere Möglichkeiten der vergangenen 50 Jahre sind so nicht mehr wiederholbar. Eine Teilschuld daran trägt tatsächlich die digitale Fotografie. Sie hat zu einem radikalen Preisverfall in allen Medien geführt. Im Netz werden heute durchaus gute Bilder für einen Euro angeboten. Bei solchen Honoraren hätten wir 50 Jahre nicht überleben können! Eine wichtige Voraussetzung für unseren Erfolg war natürlich auch unsere private Partnerschaft, in der Renate und ich uns geradezu ideal ergänzen konnten: Ich kam von einer Fotofachschule und Renate von der Bank. Es ist kein leerer Spruch, sondern eine erfreuliche Tatsache, dass neben einem erfolgreichen Mann immer die richtige Frau steht.

„Besser ein dummer Wanderer als ein Weiser,
der zu Hause sitzt.“

Mongolische Weisheit

Bei unseren Fotoreisen in alle Kontinente haben wir auch ganz neue Ziele gesucht und gefunden. Links ist die erste Touristengruppe zu sehen, die Thule im äußersten Norden Grönlands besucht.
In Tibet haben wir als Pioniertour eine Gruppe zusammen mit einer Yak-Karawane an die Nordseite des Mt. Everest geführt, und nach meiner Nanga-Parbat-Expedition wagten wir uns mit einer ersten Trekking-Tour zur berühmten Märchenwiese – da wachsen so viele Edelweiße wie bei uns Gänseblümchen – direkt am Fuß des Nanga Parbat.
Nach solchen Reisen gab es regelmäßig Anrufe und Fragen anderer Tourveranstalter, die wissen wollten, ob das machbar und sicher sei.
Unser Partner war immer Ikarus Tours in Königstein. Sie übernahmen bei allen noch so ungewöhnlichen Touren die Verantwortung und das unternehmerische Risiko. An dieser Stelle möchte ich mich bei Ikarus Tours und den Inhabern, der Familie Kitzki, sehr herzlich für eine Jahrzehnte andauernde gute Zusammenarbeit und Freundschaft bedanken.

Weitere Bücher von Helfried Weyer

Franz Alt, Helfried Weyer
Tibet
Ein Volk ruft nach Gerechtigkeit
144 S., 139 lack. Abb., Geb., 28 x 24 cm
ISBN: 978-3-939172-96-3, **38,50 €**

Seit die chinesische Volksarmee 1950 ihr Land besetzte und der Dalai Lama, der religiöse Führer der Tibeter, nach Indien floh, begehren die Tibeter immer wieder gegen die Fremdherrschaft aus Peking auf. Während der Bestsellerautor Franz Alt hier unbequeme Wahrheiten ausspricht und schockierend vom vergessenen Völkermord auf dem Dach der Welt berichtet, zeigt der Meisterfotograf Helfried Weyer in diesem großartigen Buch das gesamte Tibet zwischen Kailash, Lhasa und dem nordöstlichen Amdo in einzigartigen Großformataufnahmen.

Der Olavsweg in Norwegen wurde 2010 – nach dem Jakobsweg in Spanien – als zweiter Pilgerweg zum Europäischen Kulturweg erklärt und trägt die Zertifizierung „Cultural Route des Europarates". Dieser erste umfassende Text- und Bildband präsentiert den Olavsweg, der inzwischen zum Geheimtipp unter Pilgern und Wanderern geworden ist, erstmals in professionellen Fotografien.

Renate und Helfried Weyer
Olavsweg – Pilgern in Norwegen
144 S., 141 Abb., 1 Karte
Geb., 28 x 24 cm
ISBN: 978-3-939172-73-4, **34,80 €**

Helfried Weyer
Die weite Welt der Hurtigruten
Norwegen, Spitzbergen, Grönland, Antarktis
168 S., 157 lack. Abb., Geb., 30 x 27 cm
ISBN: 978-3-939172-65-9, **24,– €**

Weit über klassische Kreuzfahrterlebnisse hinaus geht eine Fahrt in den komfortabel ausgestatteten Schiffen der Hurtigrute. Nicht nur entlang der norwegischen Fjordküste, sondern auch auf den Reisen von der Antarktis über Europa nach Grönland und Spitzbergen ist man ganz nah dran an ursprünglicher Natur, einheimischer Kultur und einer besonderen Tierwelt. Die Routen führen in teils unerforschte Gebiete des arktischen Nordens und der südlichen Ozeane.

Die Bücher erhalten Sie direkt beim Tecklenborg Verlag

Siemensstraße 4 · 48565 Steinfurt · Telefon (0 25 52) 920-182 · Fax -180
info@tecklenborg-verlag.de · www.tecklenborg-verlag.de
… oder in Ihrer örtlichen Buchhandlung